Isolda P. Kahlo

Frida Íntima

EDICIONES DIPON

EDICIONES GATO AZUL

1ra. Edición, Julio 2004

© Isolda P. Kahlo, 2004

© Ediciones Dipon, 2004
E-mail: dipon@andinet.com
Bogotá, Colombia

© Ediciones Gato Azul, 2004
E-mail: edicionesgatoazul@yahoo.com.ar
Buenos Aires, Argentina

Preparación editorial
Ediciones Dipon

Diseño Portada
Innova Advertising & Graphic Design

Preprensa Digital
Grupo C Service & Design

Fotografía de portada
Frida e Isolda vestida con traje de Tehuana

Distribuidores en México:
Amazonas Distribuidora S. de R.L. de C.V.
E-mail: amazonasdis@yahoo.com.mx
International Becan S.A. de C.V.
E-mail: interbecan@yahoo.com.mx

Distribuidores en Argentina:
International Becan S.A. de C.V.
E-mail: interbecan@yahoo.com.mx
Distribuidora de Publicaciones Oveja Negra Ltda.
E-mail: dipon@andinet.com
Telefax: (571) 4373045, 2537051

Distribuidor otros paises:
Distribuidora de Publicaciones Oveja Negra Ltda.
E-mail: dipon@andinet.com
Telefax: (571) 4373045, 2537051

ISBN 958-97366-9-6

Impreso por Panamericana Formas e Impresos S.A.
Impreso en Colombia - Printed in Colombia

«Pies ¿para qué los quiero?,
si tengo alas pa´volar.
No los necesito».

Frida Kahlo, 1953
(Diario)

ÍNDICE

A Isolda P. Kahlo

La historia relatada en este libro, es una nueva verdad que se suma a otras historias subjetivas e investigaciones hechas en torno a la figura de Frida Kahlo. Ya se sabe: No hay una sola verdad ni existe un criterio universal para juzgar, con justeza, a un personaje. Sin embargo, una nieta se cansa de ver rodar las lágrimas de su abuela, quien no encuentra en tantos libros publicados, a esa Frida que ella conoció y quiso; a la que vivió a su lado y compartió con ella tantos momentos.

Los recuerdos que Isolda atesoraba, fueron descritos desde su intimidad; no obstante éstos no pueden sustraerse a la permeabilidad del dolor de Frida, ocasionado por su enfermedad y las múltiples operaciones a que se vio expuesta. Esto es un hecho objetivo.

Mi abuela, tuvo la oportunidad de verla reír, cantar, jugar, e inclusive bailó con ella. Compartieron lo que para la joven Isolda era entonces lo más importante: La danza.

Mi abuela caminó por el laberinto que es Frida Kahlo, alumbrada con su propio corazón. Al recuperar emociones y temores infantiles, logró revivir aquella ingenuidad que hace las veces de espejo, ante la persona mayor que es ella.

Que Isolda destapara cajas y roperos fue obra de largo tiempo y paciencia. Con este libro por fin logra dejarnos un testimonio acerca de quién fue esta otra Frida, tan verdadera como todas sus máscaras. Cuenta esta historia una mujer a quien Frida amó; habla quien amó profundamente a su tía, y así, ambas se describen.

Con todo mi amor para ti Abi, Isolda.

Gracias a tu pasado, a tus experiencias y al legado que te dejó Frida, pudiste forjar mi presente y mi futuro.

Tu nieta, Mara De Anda
México, julio de 2004

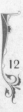

13 de julio de 2004

Queridísima tía Frida:

Hoy se cumple medio siglo de tu partida. Tú tenías entonces 47 años; yo tengo hoy 75. Pero, extrañamente, te sigo viendo mayor; sigues siendo mi segunda madre, y yo la niña que un día llegó a tu lado de la mano de mi hermano Toño y de mi madre Cristina, tu hermana once meses menor que tú, a vivir contigo y con mi tío Diego en la Casa Azul de Coyoacán.

En esa casa mágica crecí junto a ustedes: mi familia. Allí pasé muchos años de mi vida, desde mi infancia hasta mi matrimonio, años intensos, gozosos, plenos; allí conocí primero el cariño familiar, y a su debido momento el amoroso; allí soñé, reí, lloré, bailé, sentí alborozos, miedos, y viví vaivenes económicos; allí pasé de niña a mujer y allí me enamoré (varias veces)... En fin, allí pasé por todas las etapas de una vida normal. ¡Ay!, querida tía Frida, con toda sinceridad, hoy puedo afirmar ante ti y ante mí misma, que entre ustedes fui feliz, muy feliz.

Y aunque yo creía haber aprendido muchas otras cosas en la Casa Azul, fue tu ejemplo lo que me hizo comprender que a algunas personas puede tocarles la fortuna (o el infortunio) de llegar a ser famosas, más no por eso han de prescindir de su naturaleza humana. Ciertamente la fama es una forma peculiar de olvido que, sin embargo, no se realiza del todo mientras exista alguien que guarde el recuerdo en su memoria. Y en tu caso yo soy esa memoria, esa última memoria; yo soy la única persona que queda sobre esta tierra de cuantas vivieron cerca de ti, bailaron contigo, escucharon tus consejos y regaños, tuvieron sus manos entre las tuyas, atestiguaron tus alegrías y sufrimientos, supieron de tus esperanzas y desengaños, te vieron brillar durante muchos años con luz deslumbrante, y luego, poco a poco, apagarte en un final inapelable que para mí tuvo menos de derrota trepidante, que de sereno pacto de honor con la Pelona, como tú la llamabas.

Entiendo que la historia, esa gran momificadora, te haya embalsamado con vendajes de celebridad, a ti que tanto odiabas los vendajes y las tiesuras en todas sus formas (tanto físicas como mentales, sociales y hasta políticas); entiendo que la historia te haya sepultado bajo montañas de palabras y críticas laudatorias, agudas, analíticas, explicativas, unas exageradas para bien y otras para mal, falseadas, cretinas, torpes y a veces malintencionadas; entiendo que eso haya convertido tu carne en mármol, tu piel en bronce y tus pasiones en tópico narrativo. Supongo que en una persona destacada como tú eso es inevitable. A la larga, todas las celebridades se convierten en estatuas de sal. O en figuras de cera, como la que en un conocido museo de Manhattan (que tantas veces te sirvió de refugio) tiene una plaquita con tu nombre. Y sin embargo, ésa no eres tú, sino la actriz Salma Hayek personificada como tú. Sí, coincido contigo en que Salma es tu nueva gran amiga en la pantalla grande, como antes lo fue muy dignamente Ofelia Medina (con una personificación física todavía más impresionante que la de Salma, por fiel), y coincido, además, en que también ella debe acompañarte por el sendero donde las identidades se modifican de maneras imprevisibles. Pero déjame añadir que tú y yo sabemos que sin duda habrías preferido mil veces el papel maché sobre la cera.

Todas las personas que se convierten en personajes, corren el peligro de cuajarse en el frío como gelatinas, así que ya ni me sorprendo ni me alarmo. A estas alturas de mi vida y de tu fama, ya no estoy muy segura de creer que hay una sola verdad, una

única verdad respecto de cualquier cosa humana. Quizá las versiones diversas, dispares y hasta encontradas que contienen los muchos libros que sobre ti se han escrito, sean todas de alguna manera verdades, aunque en su inmensa mayoría no sean sino refritos de refritos de refritos. Quizá hasta las mentiras malévolas que a tu alrededor se han tejido, sobre todo a partir de esa fuente tan dudosa y retorcida que ha sido Raquel Tibol, sean también verdades... a su modo. En fin, ésas no son mis verdades, y en todo caso no me importa. Ya aprendí que no conduce a nada discutir con los rayos de la tempestad, con los aludes, con los terremotos... y las lenguas que son, como fue tu columna vertebral: bífidas.

Yo he consignado en este libro mis verdades sobre ti: las verdades que una mente infantil y luego juvenil integró profundamente dentro de su ser acerca de una mujer que supo amarme siempre como una segunda madre y a veces como la hermana y confidente que nunca tuve, una madre—hermana que vivió apasionada, tumultuosamente, que durante décadas se defendió como pudo de la "Tía de Las Muchachas", la Flaca, la Pelona, o la muerte, como tú la llamabas, y que después, incidentalmente, y sospecho que a pesar suyo, se volvió famosa.

Por todo eso, este libro es de mí para ti, amada Frida, tía, madre y hermana de esa muchacha que fui, pues trata de ti y de mí.

Con el cariño de siempre, tu sobrina
Isolda

I

NIÑEZ Y PRIMEROS RECUERDOS

Yo quisiera que, al leer este libro —mis nietos Mara, Diego y Frida— ahora ya con la idea clara de lo bueno y lo malo, y sabiendo evitar lo negativo para su experiencia vital, conozcan de primera voz el sentir y vivir de mi infancia. También pretendo que las demás personas que lo lean sepan quiénes y cómo eran realmente, en la vida cotidiana, Frida Kahlo, su familia cercana y su esposo, el muralista Diego Rivera.

Por eso, abro las puertas de mi memoria aunque esta apertura pueda devolverme algunos recuerdos poco agradables. Pero la vida es un río constante de experiencias, gratas unas, otras ingratas, descubrimientos luminosos unos y otros oscuros, sucesos venturosos o desgraciados, días de sobresaltos y días de aburrimiento mortal.

Al contrario de lo que pudiera pensarse al ver los cuadros de Frida, descritos por algunos como «martirológicos», al leer su correspondencia o su diario que mucho tienen de su legendario espíritu de provocación burlona, Magdalena Carmen Frida Kahlo y Calderón no fue la mujer sufrida (es curioso el juego de palabras: su-Frida) que algunos han llamado «La Dolorosa de Coyoacán», en el sentido de que estuviera todo el tiempo llorando. Frida no solía estar de lágrimas, más bien cantaba y silbaba siempre alegres melodías mexicanas, sones populares, cancioncillas picarescas. Cuando llegaba a llorar de tristeza (porque no pocas veces lo hizo de alegría), lo hacía furiosamente, con gran carácter, directa y abiertamente, cual ella era, y en esos casos lo hizo por alguna decepción amorosa, como cuando se separaba de Diego. También era capaz de llorar si había algún problema de salud en casa, o por falta de dinero. Pero esto sólo cuando la carencia provocaba contratiempos graves a alguna de las personas amadas por ella: su familia, sus amigos o sus alumnos. Bueno, he de aceptar haberla visto llorar alguna vez de dolor, pero eso sí, en la intimidad y sólo al final de sus días, cuando ni las inyecciones de morfina le traían el alivio anhelado. En esas ocasiones me miraba con gran ternura y me prevenía sobre el efecto de las drogas sobre el ser humano. «Mírame», murmuraba, sonriendo tristemente, «esto es lo que las drogas le hacen a una persona. Nunca vayas a probarlas». Y aunque yo entendía que en su caso era el médico y no «el vicio» quien ordenaba la administración de esos fármacos poderosos, de todas formas todavía conservo una viva repulsión respecto a toda clase de adicciones.

Las vivencias marcan

La vida con mis tíos no fue la existencia común que suelen disfrutar otros niños, cuyos hogares están integrados por dos personas de pasiones, genios e ingenios normales. El nuestro era el hogar de una pareja de pasiones tormentosas, genio e ingenio múltiples y fuertes. Por ejemplo, en casa nunca nos dijeron «*No oigas esto, niña*» o «*Sal de aquí, niño*». Por ello siempre estábamos en contacto directo con todos los acontecimientos allí ocurridos. Algo de sabiduría cotidiana debimos absorber, pues mi hermano y yo aprendimos, como por ósmosis, qué y cómo responder a personas ajenas a la Casa Azul al hacernos preguntas capciosas, o la forma de contestar tranquilamente, en nuestros propios términos infantiles, sin dejarnos sorprender por los eventuales rebuscamientos de los adultos, y sin caer en la tentación de comentar alguna indiscreción sobre algo que debíamos guardar en prudente silencio familiar; situaciones que acontecían y debían permanecer entre las paredes de las tres casas de mis tíos Diego y Frida, centro de reunión y hasta de hogar para personajes importantísimos de la historia de México y del mundo.

Frida y Diego con algunos de los ayudantes y amigos de éste, en un mural de la Secretaría de Educación Pública (1931).

Frida Kahlo y Diego Rivera nos hicieron, a mí y a mi hermano Toño, dos regalos invaluables para nuestro desarrollo. Primero, nos amaron muchísimo y nos lo hicieron sentir clara y continuamente, tanto con palabras como con hechos. Y segundo, nunca nos ocultaron nada, lo cual fue, en general, muy positivo para nuestra formación. Digo «en general», porque también debo confesar que algunas veces, desde algún indiscreto resquicio de alguna pared del sótano, mi hermano y yo vimos cosas que prefiero no mencionar ahora, las cuales no debieron ser accesibles

a niños de nuestra edad, ni lo serían ahora. No obstante, hoy puedo valorar mejor aquel ambiente de libertad y honestidad que no todos los niños han tenido, ambiente que a mi hermano y a mí no nos resultaba extraño porque no conocimos otro.

Ni Frida ni Diego nos hicieron sentir jamás que aquélla no fuera nuestra casa. De hecho, vivíamos como hacían entonces todas las familias mexicanas y como ya casi nadie vive hoy: Juntos con nuestros abuelitos, tíos, tías, y mi mamá Cristina. Al principio la infancia de mi hermano Antonio y la mía transcurrió en lo que era «la casa grande». La parte del jardín donde hoy se encuentra la pirámide, la compró Diego cuando llegó Trotsky a México, porque el revolucionario ruso temía que la azotea del vecino fuera usada como plataforma de ataque contra él y su familia. O sea: nosotros ocupábamos la parte donde ahora hay una tienda y una pequeña cafetería. Mucho después mi tío mandó construir la pequeña pirámide. Imagino que le sirvió para apoyar algunos ídolos precortesianos de piedra. También construyó el Anahuacalli, que años después constituyó su mayor muestra de veneración a nuestras raíces étnicas, obra que además de haber sido un gran dolor de cabeza para él, por el gasto inacabable que implicó, fue objeto de gran satisfacción; con ella cumplía su sueño de legarle un bien al pueblo de México, como más tarde donó a la Nación, las casas-estudio de San Ángel y la Casa Azul de Coyoacán.

Pero no sólo eran Frida y Diego quienes nos daban un lugar propio. Siguiendo su ejemplo, todas las personas que durante mi niñez tuve la fortuna de tratar en ese ambiente, se dirigían a mí y a mi hermano con la deferencia con que se hablan entre sí y con el respeto debido entre adultos. Por eso crecí acostumbrada al trato cotidiano con personajes formidables, en quienes ni mi hermano ni yo éramos capaces de percibir la

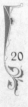

grandeza atribuida por otras personas. Antonio y yo conocimos de todo, por igual reyes o políticos; sobre todo artistas, muchos artistas. Por ello me acostumbré a tratar con personas desde las más encumbradas hasta las más pobres, y llegué a darme cuenta de la igualdad de todos. Pero lo que mejor aprendí fue el valor incalculable de nuestros indígenas. Ese fenómeno de trivialización de las celebridades les ocurre a niños cuando crecen al lado de ellas; en algún momento es una absoluta bendición. A pesar de todo, esa ceguera no dura demasiado tiempo y puede transformarse, a menudo ocurre así, en la clásica «sombra» que apabulla y aún anula a tantos hijos de personalidades destacadas. En nuestro caso fue beneficioso, gracias a la sencillez y falta de ínfulas de Frida y de Diego, pues para nosotros nunca fueron el muralista famoso ni la pintora polémica, ni los revolucionarios que despertaban pasiones y provocaban escándalos. Eran simplemente la tía Frida y el tío Diego, dos personas iguales a todas las demás.

Vista, Casa Azul antes de su modificación.

Al contrario de lo que el lector puede suponer, mi léxico no llegó a ser muy rico; tengo un vocabulario normal, insuficiente para las peculiares memorias que guardo y que hoy quiero narrar. No desarrollé aptitudes oratorias porque todo lo escuchado de aquel grupo de personas lo oía ya perfeccionado, a veces inflado por la consabida tendencia de Diego a la exageración y la fantasía.

Cualquier cosa que se me estropeara entre el cerebro y la idea o imposible para mí contestar, la respondían mis tíos. Si uno de ellos no atendía, estaba el otro alerta, como en el cuadro de «La Venadita», donde Frida se pintó con doble oreja.

El sentido del humor de Frida, siempre presente, se dispersaba por donde iba pasando. Para detectarlo sólo se requería afinar un poco la mirada y recordar que ella era un ser de la tierra, directa y realista hasta la impudicia; de una honradez esencial reflejada hasta en los menores detalles. Diego también era directo y realista, pero a él podría aplicarle muchos otros adjetivos. De hecho, si yo debiera definir a Frida como persona, lo haría con el menor número de palabras: amorosa, valiente, derecha, espontánea y generosa.

Mis más remotas imágenes de la infancia se remontan al tiempo en que mis padres aún estaban casados. Mi padre, Antonio Pinedo, era guapísimo y como a toda buena hija, mi madre me parecía la más bonita de las cuatro hermanas Kahlo. Y tal vez lo era, si bien, yo me declaro incapaz de hacer esa clase de juicios por cuanto existen muchas fotografías y pinturas de la época, tanto de mi madre como de mis tías, que permitirán al lector darse una idea de lo que aquí afirmo. Una pintura que puedo señalar como ejemplo, es un cuadro de mi tía Frida de 1929, año en que nací. Se titula «*El camión*»; al parecer de

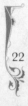

muchos críticos «de un sabor deliciosamente primitivo». El cuadro muestra, entre otros personajes, a una muchacha de unos 18 años muy parecida a mi madre (en ese año mi mamá ya tenía 21). Y entre las pinturas de Diego yo mencionaría su mural «*El mundo de hoy y de mañana*», en el cual aparecen mi mamá Cristina y mi tía Frida.

El segundo apellido de mi padre era Chambon (hay que decirlo sin recargar demasiado el acento aunque su origen sea francés, pues se puede prestar para burla), pero él no era ni torpe, ni tosco, las implicaciones en nuestro idioma de «chambón». Siempre estuvo rodeado de mujeres guapas y, con frecuencia, bebido. Por algo, muy pronto se divorció mi madre de él. Mi abuela paterna y sus familiares descendían de un importante textilero dentro del ramo de la seda, al parecer llegado a México junto con el emperador Maximiliano. Mi padre y sus hermanos eran dueños de «*Pinedo Deportes*», comercio ubicado en el centro de la Ciudad de México.

Un fuerte sentimiento de mortificación, de escrúpulo, de timidez, no sé, de todo junto, hizo que yo jamás buscara a mi padre después de haberse ido de casa. Por otro lado, mi mamá no me dejaba salir a verlo cuando pasaba a saludarnos, a veces montado en su caballo, sólo le hacía una seña con la mano desde el balcón de la sala. De las pocas veces que estuve cerca de él recuerdo el olor a alcohol dejado en mí con su beso de despedida. En cambio, mi hermano Toño sí fue a verlo en múltiples ocasiones. Hoy lamento no haber tenido, a pesar de todo, un deseo más firme de mantener cercano contacto con él.

Mis padres se conocieron en una feria del pueblo de Coyoacán. Mi mamá había sido elegida reina de la belleza y mi papá, siendo charro, paseaba en su caballo cuando vio a mamá y

quedó prendado de ella. A partir de entonces la cortejó sin tregua hasta lograr la aceptación de ser su novia. Al fin se casaron y vivieron en Churubusco, donde nací. Su separación se debió a la afición de mi padre por la bebida y por las mujeres, cosa que mi mamá nunca pudo tolerar. Hubo una reconciliación, gracias a la cual nació mi hermano, pero en 1930, una infidelidad de mi padre y su hábito de bebedor, rompió el endeble equilibrio de la pareja. Esa segunda separación fue la causa de nuestra llegada a la Casa Azul en la calle de Londres, Coyoacán, ahora Museo Frida Kahlo. Para mi madre aquello era volver a su hogar, pues allí había pasado casi toda su infancia y juventud.

Hasta donde recuerdo, mi madre nunca se quejó de los hechos desagradables provocados por su separación de mi padre. Siempre guardó en secreto todo lo padecido a su lado, pues era una persona bondadosa y comprensiva, dispuesta a expresarse bien de quienes la rodeaban.

Familia Pinedo Kahlo, poco antes de la separación de Antonio y Cristina.

Por supuesto, a mí sí me causó gran impacto el divorcio de mis padres, aunque apenas tenía dos años de edad. Como mencioné, durante la reconciliación que duró alrededor de un año, nació mi único hermano, Antonio Pinedo Kahlo, quien ya de adulto fue un reconocido fotógrafo, al igual que mi abuelo Guillermo Kahlo (este libro muestra una fotografía hecha por Toño a nuestra tía Frida).

Por razones obvias no tengo muy claro dónde viví con mi familia antes de cumplir los cuatro años. Pero recuerdo que a partir de los cinco ya estaba instalada en la parte de atrás de la Casa Azul, «la casa grande», como le decíamos nosotros.

El México que a mí me tocó vivir no era este México moderno. Las callejuelas de Coyoacán estaban lejos de convertirse en las amplias avenidas asfaltadas de ahora. Durante la temporada de lluvias, cuando la tierra se convertía en lodo y los agujeros en trampas mortales, mi hermano y yo íbamos a la escuela primaria montados en un burro, lo cual nos parecía muy divertido. Nuestros primeros años transcurrieron en una escuela pública que aún existe en la esquina de la calle Centenario, donde comienza el zócalo de Coyoacán: la «Protasio Tagle». Cuando paso cerca de allí, me veo de niña, siempre defendiendo a mi hermano menor porque él era un poco gordito y le hacían burla o se lo sonaban. Peor aún, le echaban en cara que se «creía mucho» por ser sobrino de Diego Rivera. Esa fue la razón por la cual aprendí a darme golpes con los niños, aunque a algunos les llevaba más de dos años. Me causa risa ver que todavía tengo marcados los nudillos de la mano derecha y fuertes los músculos de ese brazo.

Parientes cercanos

Pero no aprendí sola a defenderme. No, tuve muy buena escuela con los hombres que custodiaban a León Trotsky, quien en enero de 1937 llegó como refugiado a casa de mis tíos. Ellos me advirtieron que debía aprender a responder las agresiones y me entrenaron para hacerlo.

De hecho, debo aceptar que nunca fui una niña pacífica. Tuve que cambiarme varias veces de escuela por mal comportamiento, pues no soportaba escuchar algún mal comentario sobre Diego, Frida o mi país. A quien fuera, y sin importar su edad, me le iba a los golpes. Por eso pasé primero por la academia Maddox, luego por el colegio Madrid, y después por el Instituto Helen. Alguien me preguntó alguna vez si mi mamá no podía ponerme en orden, controlar mi conducta combativa. Pues sí, sí habría podido si hubiera querido, pero donde gobernaban aquellos dos gigantescos capitanes que eran mis tíos, mal podía chistar «tierra» el marinero. Cuando llegamos a la Casa Azul, mi hermano y yo estábamos muy pequeños, y mis tíos se desvivían por atendernos. Una de nuestras necesidades era defendernos de los ataques de nuestros compañeros.

Un día, a tal grado las cosas se salieron de control, que mi tío tuvo que ir a la escuela para evitarme la expulsión. Una niña de origen extranjero me preguntó cómo era que los «pinches» mexicanos podían comer las cochinadas de nuestra cocina tradicional. Yo le contesté que me acompañara al baño y allí le iba a responder. Una vez en el baño, muy enojada y gritándole insultos sobre su madre, le metí la cabeza en el excusado. Estaba a punto de ahogarla cuando una maestra oyó nuestros gritos y entró a detenerme; me llevó a la Dirección resoplando de coraje, y el director decidió expulsarme por agresiva y violenta. No sé cómo se enteró mi tío, pero al salir de la escuela —yo estudiaba en el Colegio Madrid— él llegaba hecho una furia. Fue aquello muy impresionante, pues Diego

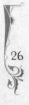

era enorme y, por si fuera poco, siempre cargaba pistola al cinto. A los maestros y empleados de la escuela que salieron a recibirlo les gritó «¡Bola de lambiscones!» Luego me preguntó por lo ocurrido, y al enterarse se enfrentó al director con estas palabras: «A ver señor Rebaque, corra usted a mi sobrina, córrala para que vea lo que yo le hago». El director cambió rápidamente de opinión: «No, señor Rivera, usted perdone... no sabía que esta niña era su...». Y sin dejarlo terminar, mi tío lo interrumpió: «Quiero saber el nombre de la escuincla que insultó a nuestro pueblo. Ya me hizo usted venir personalmente y me voy a llevar a Isolda...». El señor director, muy nervioso, agregó: «No, no tiene usted que llevarse a nadie; permítame un momento, «ahoritita» llamo a uno de los maestros...». Y al fin terminó la camorra.

Claro, yo había hecho lo considerado justo por mí, según había oído y vivido en la Casa Azul; de manera que, en mis ocasionales arrebatos de furia porque tocaban a mi patria, recibía mucha comprensión de parte de mis tíos; de mi tía, especialmente.

En no pocas ocasiones mi hermano y yo estábamos jugando en el patio o en nuestra casita del árbol cuando los grandes decían: «Vámonos al sótano, rápido, porque va a haber balazos» o porque se temía un atentado. Yo no entendía bien lo que era un atentado, sólo sabía que había que correr de inmediato al sótano. Entonces buscaba a mi hermano y desaparecíamos los dos. Los sótanos de la Casa Azul estaban muy limpios porque mi tía Adriana Kahlo Calderón, los mantenía en orden y aseados, aunque se tratara de sótanos. Todas las mujeres Kahlo hemos sido muy limpias, pero a Adriana se le pasaba la mano, pues hasta trapeaba para limpiar las azoteas.

La convivencia con el genio

Hablando de la época de atentados, recuerdo a León Trotsky como un señor precioso, sumamente disciplinado, sencillo y cariñoso. Con los niños era un amor. Yo lo colmaba de besos y no se molestaba. Me gustaba mucho su barba. Sus ojos eran de un azul penetrante. Lo veía a uno y parecía que lo desnudaba; traspasaba las almas. A mí me quiso mucho. Entonces no me cohibía ante él, como ahora al tratar de rescatar esas escenas con el fin de que no muera conmigo su recuerdo.

Reconozco mi falta de conocimientos para fijar en su exacta dimensión la imagen de este revolucionario ruso, con quien tuve la suerte de convivir. Además de sensible era guapo, pero sobre todo inteligente (nunca he tolerado a la gente estúpida, y en cambio he apreciado mucho a quienes son inteligentes). Las primeras palabras en español las aprendió de mí a través de una canción que decía más o menos: «Tengo dos ojitos que saben mirar, una naricita para respirar, una boquita que sabe contar y unas manitas para aplaudir». Imaginan, ¡el líder de la Cuarta Internacional cantando eso! Pues lo hizo, y de muy buen agrado. Gracias a su inigualable capacidad intelectual, a los dos meses de haber llegado a México ya hablaba español. Su esposa Natalia carecía de esa habilidad, o quizá no tuvo interés en aprender nuestro idioma. Ella era feíta, delgadita, pero una fina señora, siempre a la sombra de León. Quiso conservar su imagen exótica de rusa y nunca se integró a nuestro grupo. Se mantenía aparte, como respetando la presencia y el lugar de su marido. Y por el hecho de apartarse aprendió poco de nuestra lengua y cultura. Tal vez esto suene exagerado, pero así lo sentí entonces y así lo siento ahora: León Trotsky era el otro lado de la luna.

De ese personaje de la historia rusa y mexicana conservo recuerdos muy vívidos. Me enamoré platónicamente de él, yo de siete u ocho años y el señor Trotsky de unos 58. No importa. ¿Cómo no enamorarse de León Trotsky si tenía ojos de sabio? Al menos eso es lo que yo alcanzaba a conjeturar. Todo le inquietaba: leía cualquier libro interesante que cayera en sus manos, y no lo soltaba hasta terminarlo.

Isolda P. Kahlo y Granizo.

Y ya entrados en gastos sobre los Trotsky, quiero confesar algo nunca dicho por mí públicamente: fui novia del nieto de León Trotsky, Sieva dicho en ruso, o Esteban traducido al español. Yo estaba entonces en la flor de la edad, tendría unos diecinueve o veinte años, todas mis ilusiones apuntaban al ideal del amor. Conservo su retrato con mucha nostalgia y algo de tristeza. No sé si trasladé íntegro al nieto el cariño que le tuve al abuelo. ¡Quién puede saberlo! Sin embargo, aquél fue un amor que no estaba destinado a durar mucho porque de la cercanía que tuvieron los Trotsky con mis tíos pasaron al alejamiento, aunque el cariño de la familia hacia aquel muchacho nunca cesó. La verdad, sentí temor de seguir adelante con mis planes, pues me decía: «Un día sucede algo violento fuera de mi control, y cómo quedo yo, o a dónde voy a dar». Estaba muy apegada a mi madre, y por nada en el mundo iba a abandonarla. Acaso sólo fue un pretexto para terminar mi relación con Sieva. Nunca podré definirlo, lo cual significa haber hecho bien en tomar la decisión de que, con los Trotsky, ¡mejor nada!

Cuando menciono la época de los atentados, no me refiero a algo menor sólo porque en esa época no se disparaba con las poderosas armas modernas. Tengo bien grabado que, de ocurrir un hecho violento, el sitio más vulnerable eran las recámaras. Por eso, cuando llegaron los Trotsky, mi tía mandó tapiar las ventanas con ladrillos. Un muro sí resistiría disparos de ametralladoras, de aquellas ametralladoras. En caso de riesgo, Frida siempre decía: «¡Que se salven los niños, nosotros a ver qué hacemos!»

Eran otros tiempos. Mi tía Frida guardaba el mismo respeto cuando hablaba Diego, que Natalia cuando hablaba León. Hermoso ver que el señor de la pareja prevalecía, y la señora le daba apoyo. De Frida y Trotsky se dicen muchas cosas, pero yo mal haría en hablar de lo que no me consta.

Cuando Frida tenía un problema fuerte con Diego acudía a mi madre. Ella trataba de averiguar lo sucedido. Y si no encontraba una respuesta satisfactoria, o las cosas se ponían al rojo vivo, le advertía a Frida: «Si siguen peleando así, yo me voy de esta casa». Y por no dejarla ir, ambos se calmaban. Había respeto, mucho respeto en el trato.

Soledad y compañía

Volviendo a mi hermano Antonio, reconozco que él y yo teníamos caracteres totalmente diferentes. Él era calmado, mientras que yo me considero una persona muy ansiosa, lo cual debo a la forma de ser de mi padre. Seguramente lo heredé de él. Mis problemas nerviosos comenzaron desde pequeña; siempre temí perder a mi hermano Toño o a mi madre, a quien recuerdo como una mujer sumamente valerosa.

Además de las discusiones políticas que constantemente se daban en casa, aquel ambiente bohemio y convulsionado no fue nada sencillo para mi hermano y para mí, en virtud de las amenazas sufridas por mi tío Diego debido a sus alardes políticos, sus exabruptos personales, su militancia y sus ideas políticas. Era difícil para unos muchachitos como nosotros haber encontrado un ambiente más extraño para desarrollarse. Sin embargo, acabó siendo un ambiente formativo para nosotros, pues si al regreso de la escuela por alguna causa entrábamos adonde mis tíos estaban reunidos con Trotsky y otras personas, sabíamos que no debíamos interrumpir, y ellos seguían hablando de sus cosas. Era una norma elemental de respeto, no una regla explícita de conducta.

Isolda y Antonio Pinedo Kahlo,
con su madre, Cristina.

El día que al fin ocurrió el primer atentado en la Casa Azul, me asusté mucho. Corrí al sótano e hice hoyos en las tablas del piso para ver y oír por una rendija lo que estaba ocurriendo arriba. Con tantos sustos y sobresaltos, mi hermano y yo nos volvimos cautelosos, nos acostumbramos a que en casa siempre estaba sucediendo algo importante, a veces de peligro, y aprendimos a responder a la altura de las circunstancias...

Niños entre dos mundos

En fin, tengo muchos recuerdos guardados, algunos de ellos terribles. Aunque pasé por el fuego y nunca me quemé, hay vivencias que hoy por hoy no deseo comentar, y mucho menos en estas memorias, que deben versar más sobre mi tía Frida y no sobre mí.

Con quien también compartí muchos momentos fue con mi tía Adriana Kahlo Calderón, pues cuando mi madre salía me dejaba en casa de mi tía. A mi hermano lo dejaba en casa de mi tía Matilde Kahlo Calderón, la mayor de las hermanas. Ellas nos cuidaban y de ellas aprendimos costumbres que contrastaban con las aprendidas en nuestra otra «escuela»: buenos modales, y detalles importantes acerca de cómo debíamos vestir y comportarnos ante las visitas. Mis tías eran muy católicas y muy graciosas. Trataban de aconsejarnos lo mejor que podían, pero el contraste entre lo oído en una casa y lo oído en la otra no dejaba de causarnos asombro. Por ejemplo, me decían: «No te lleves con los pintores porque no son católicos; te vas a volver atea y eso no te conviene». Esa idea la tenían porque los pintores eran ayudantes de mi tío, que era comunista furibundo y se burlaba de todo.

Por cortas temporadas viví con mi tía Matilde Kahlo de Hernández. Ella estaba casada con un señor español dueño de un negocio llamado «*Casimires de México*». Mi tía Frida la había ayudado a huir con ese novio que luego fue su esposo. Me cuentan que mi abuelita se enojó mucho cuando lo supo, y se negaba a verla. En cambio, mi abuelito Guillermo la buscó hasta encontrarla, también gracias a mi tía Frida.

Otra costumbre que aprendí a valorar viviendo con mis tíos, y que se está perdiendo en México, es que las personas que ayudaban en casa guardaban una conducta de absoluta honradez. Podíamos dejar dinero, o alguna joyita olvidados encima de un mueble, y sin embargo nunca se perdía nada. ¡De qué otra forma podía funcionar una casa en la cual constantemente entraban y salían trabajadores, visitantes y huéspedes, unos distinguidos otros no!. Y sobre todo estando allí Diego, que vivía en un completo desorden. Al principio Frida intentaba mantener organizada la casa, pero cuando estaba enferma necesitaba que alguien la ayudara.

Entre tantos trabajadores tengo grabado en la memoria a un carpintero trabajador de planta de mis tíos. Se dedicaba a hacer los marcos para las pinturas. Cruz, la cocinera quien, junto con mi mamá, preparaba la comida para todos los que habitábamos en esa casa. Igual podía haber a la mesa un periodista, un licenciado, o alguien muy modesto que hubiera llegado a solicitar algún tipo de ayuda. Diego y Frida eran muy parejos, en su mesa siempre había cabida para todos.

Frida (1952) con algunos de sus ayudantes Chucho, Sixto, Cruz y Georgina.

De la casita al negocio

En la Casa Azul yo tenía mi propio árbol donde construí, de forma muy rudimentaria y con los recursos propios de mi edad, una pequeña casita de juegos. La casita estaba hecha de madera. Mi hermano Toño me había ayudado a lavar las tablas. En esa casita me metía cuando quería estar sola, actitud heredada por mi nieta menor, que lleva el nombre de Frida en honor de mi tía.

Siempre que mi tía Frida pasaba bajo el árbol y me veía dentro de la casita me decía: «Ya bájate, Isolda, ¿qué te parece si mejor te pongo una tiendita de abarrotes?», pues temía que pudiera sufrir un accidente. Aunque su ofrecimiento tardó un tiempo en cumplirse y yo permanecí meses con la ilusión de tener la dichosa tiendita, la estrategia de Frida funcionó, pues a partir de entonces me mantuve a ras del suelo. Y como toda fecha se cumple, llegó el día en que mi sueño se hizo realidad. Mis tías montaron la tiendita, y me la entregaron bien surtida. Ahí yo vendía jabones y otros artículos para la casa, así como algunas golosinas. Con ello me ganaba algunas moneditas que me daban la sensación de autonomía. Ellas me hacían las cuentas: «Esto es lo que obtuviste hoy; lo que cuestan las cosas es tanto, así que tu ganancia es ésta». Con ese juego obtuve mis primeras experiencias acerca del valor del dinero y supe cómo funciona el comercio. La mercancía la compraba en la Casa Corvado, un establecimiento de mucha tradición en Coyoacán. A los dueños y encargados les causaba mucha gracia ver que yo solicitaba cajetillas de cigarros «Lucky», «Virginia» o «Belmont», que eran para mi tía Frida. En ocasiones ella me pedía una cajetilla adicional, y yo corría por ella a mi tiendita, ubicada dentro de nuestra casa, o iba a comprarla a Casa Corvado.

De los ayudantes de la casa recuerdo especialmente a Chucho, un mozo que además de querernos, siempre estuvo pendiente de ayudar a mi mamá y a mis tíos. Llegó a trabajar a la Casa Azul cuando mis abuelos todavía vivían, y conoció a mi tía Frida desde muy joven. Él fue quien se quedó al lado de ella hasta el día en que murió. Otro ayudante, Sixto, estuvo pendiente de mí mientras crecí, pues desde entonces yo era muy nerviosa. Además

solía ser muy detallista, como Frida, característica que he perdido con los golpes de la vida y con los años.

En una ocasión Frida me preguntó sobre lo que más deseaba hacer en la vida. Yo le contesté que mi fascinación sería bailar ballet. De inmediato me envió a la Escuela de Ballet de Bellas Artes, a la Academia de las hermanas Campobello. Así era mi tía Frida: apasionada con todo, pero más con lo que hubiera querido hacer.

Crecer en otro mundo

Entre las cosas que Frida nunca pudo hacer estuvo la de manejar un automóvil. Alguien más lo hacía para ella, en una destartalada camioneta que tenía un añadido de madera en los flancos. Era de mi tío Diego. En ella íbamos todos, amontonados y felices, a visitar pueblos cercanos a la Ciudad de México, donde mis tíos bajaban sus caballetes y se ponían a pintar plantas, paisajes o lugareños, que luego les servían de base para ejecutar los primeros bocetos de sus cuadros y murales.

Las festividades del año eran para mí una experiencia muy diferente en comparación con lo que representaban para la mayoría de los niños mexicanos. A principios de noviembre viajábamos con mis tíos al lago de Pátzcuaro, en Michoacán, ya que ellos consideraban sublimes los rituales precortesianos con los cuales los habitantes de la región celebraban el día de muertos. Aunque no exenta de cierta confusión, aún tengo en mi mente aquellas imágenes como si se tratara de un álbum de fotografías que mostrara el respeto de los indígenas al rendir culto a sus muertos. También recuerdo mi temor infantil ante la imponente oscuridad del lago plagado de velas, y el continuo cintilar de cirios temblando en los cementerios, espectáculo envuelto en una susurrante sinfonía de cantos indígenas.

Navidad, en cambio, era otro cuento. Como mis tíos no eran creyentes, la noche del 24 mi mamá preparaba una cena especial para sus hijos; los obsequios, como era lógico, casi brillaban por su ausencia. En contraste, tengo muy presente que cuando a Frida le sobrevenían dolores demasiado fuertes, exclamaba sin juicio de fe o censura comunista: «¡Ay, Dios mío!» Una no podía evitar sonreír ante esa evidente incongruencia entre la Frida consciente, militante, y la Frida instintiva, criada en un hogar creyente. ¡Porque, vaya que mi abuela Matilde era católica a rajatabla!

Frida, ¿sufrida?

No recuerdo que Diego haya limitado jamás las acciones de Frida. Y si alguna vez lo hizo fue con gran respeto y ternura, y sólo por cuidarla. A veces Diego me daba indicaciones: «Cholda —me decía— nada más una hora, ¡y punto!», a fin de no fatigar a mi tía. Porque si hubieran entrado todos los que tocaban a la puerta, ni ellos ni nosotros hubiéramos dormido jamás. A veces, sin embargo, mi tía «Fisita», con su modo de ser convincente, suave, seductor, imperativo, se las arreglaba para prolongar las horas de plática con sus amigas y amigos. Y claro, cuando Diego regresaba, era «Choldita» quien debía responder.

Bañar a Frida recién salida de una intervención, o cuando portaba los corsés de hierro, de piel o de yeso, era otra odisea que ella tomaba con excelente humor. Yo nunca la bañé, pero sí lo hicieron mi mamá, algunas amigas de confianza, Diego y sus enfermeras. Mientras se podía sostener de pie, le gustaba que la asearan así. Otras veces debía mantenerse sobre tablas en su cama, y entonces le limpiaban el cuerpo con toallas, como se hace en un hospital. Los días cuando no se sentía muy mal recibía su imperdonable baño, después de haber protegido con plásticos los corsés. Le gustaba estar siempre muy limpia, desde el pelo hasta los pies. Encuentro una clara relación entre esa necesidad suya y uno de sus cuadros más famosos: «*Lo que el agua me dio*», que tanto le agradó a Picasso. No me acuerdo quién le dijo alguna vez que ya no mojara tanto su pelo porque se quedaría calva. Ella nada más se rió. «¡Qué calva ni qué nada!», replicó. Tenía un pelo hermoso, fascinante para Diego.

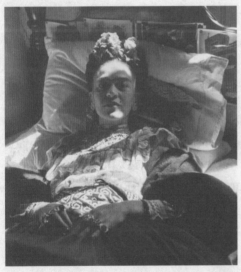

Frida, 1952. Coyoacán.

«Búrlate de la muerte»

Lo más triste que puedo recordar de esos años de mi vida, es el día de la muerte de Frida. Siempre ese riesgo estuvo latente con cada cirugía a la cual fue sometida. Naturalmente, siempre estábamos temiéndolo. Durante cada nueva convalecencia creímos que no superaría la prueba.

Aquella madrugada nadie de la familia estaba preparado para soportarlo. Así era de vital su persona en aquella casa, aunque se moviera poco. Cuando me dieron la noticia me temblaron las piernas y fui corriendo a la Casa Grande, donde había muerto. Ya hablaré de ello más adelante. Lo cierto es que ella siempre me decía: «Búrlate de la muerte, no hay problema. Lo importante es lo que hagas ahora. Ayuda a la gente mientras estés viva». Así eran Frida y Diego, todo lo repartían entre los más necesitados, entre sus amigos en problemas, lo donaban al partido o a artistas que caían en baches de desempleo y a refugiados. El dinero nunca fue muy importante en la vida de ambos. Les dolían más las necesidades del chofer, de la cocinera, de mi mamá, las de la señora vendedora de flores en el mercado, o de algún niño deseoso de educarse.

Frida fue igual a lo largo de toda su vida. Hay quienes se vuelven generosos al final. Ella no; siempre lo fue. De la misma manera se comportó cuando tuvo las vértebras enteras que cuando las tuvo cercenadas, con pierna o sin ella, estando bien de salud o estando torturada dentro de los aparatos que le daban sostén.

Otro detalle que a veces se les olvida a quienes escriben o hablan de Frida Kahlo y su tristeza, es que nunca, ni al final de su vida, dejó de crear belleza. Para mí, ésa no puede ser la estampa de una mujer triste y siempre llorosa, o acomplejada por sus enfermedades. Yo creo que quien no puede o no llega a ser lo que soñó, se desprecia a sí mismo y bloquea a los demás. Ella pudo y llegó a ser lo que quiso. Como dijera alguien de ella, en su muestra en Nueva York: «Una artista por méritos propios».

De mi tía Frida recibí las mejores lecciones de vida. En una ocasión llegué al Hospital Inglés tras una de sus tantas operaciones. La encontré colgada de argollas de acero, pero... ¡estaba pintando! Le dije que dejara aquello y reposara. Contestó entre enojada y firme: «¡Cállate, tú no sabes nada!» En esa ocasión hizo que le colgaran también el caballete. Yo la observaba con atención y curiosidad, y me preguntaba: ¿Cómo puede? ¿Cómo demonios es que puede? Pero mi sorpresa era mayor cuando además de estar sacando vida de los pinceles se echaba a cantar. Tenía una voz preciosa. Yo aún puedo escucharla, y recuerdo la letra de algunas de sus canciones.

Si la posición de su cuerpo se lo impedía, entonces hacía miniaturas. Mi tío la entendía bien; sabía que, igual que para él, pintar era el alimento de Frida. Por eso siempre le insistía: «Pinta Frida, pinta», para que nada la llegara a arrastrar por el mar ácido de la depresión. Sin embargo, Diego Rivera, el muralista, nunca le exigió algo.

Otro detalle que por sí mismo habla de su bondad y amor a la vida, son los animales que mantuvo en sus casas de Coyoacán y San Ángel. Por ahí pasó de todo: monos araña, un cervatillo, un águila, un mapache, dos loros, y hasta perros aztecas. También criamos gallinas, pues a Diego le agradaba tener siempre huevo fresco. De todo esto hablaré más adelante.

Antes de cerrar este capítulo me pregunto si no serían esos animalitos, tan compañeros en sus cuadros, los que le ayudaron a mantener la suavidad en sus brazos de madre, tantas veces malograda.

Los colores en Frida Kahlo

El verde - luz tibia y buena.

Solferino - Azteca. Tlapalli. Vieja sangre de tuna, el más vivo y antiguo.

Café - Color de mole, de hoja que se va; tierra.

Amarillo - Locura, enfermedad, miedo. Parte del sol y de la alegría.

Azul cobalto - Electricidad y pureza. Amor.

Negro - Nada es negro, realmente nada.

Verde hoja - Hojas, tristeza, ciencia. Alemania entera es de este color.

Amarillo verdoso - Más locura y misterio. Todos los fantasmas usan ropa de ese color... cuando menos, ropa interior.

Verde oscuro - Color de anuncios malos y de buenos negocios.

Azul marino - Distancia. La ternura también puede ser de este azul

Magenta - ¿Sangre? Pues, ¡quién sabe!

Diario
(cita Hayden Herrera)

41

II

LOS ORÍGENES DE FRIDA

El mar, mi abuelo. La tierra, mi abuela.

Pasamos por esta vida creyendo que todo es casual, que somos en verdad libres y que nuestro destino lo decidimos día a día a la buena de Dios, *ad libitum*, como a veces decía mi abuela, según nuestro corazón, nuestra mente y las circunstancias que nos llevan de un lado a otro como corchos en la marea. Pero no, a mi edad, 75 años, veo claramente que la vida no es así. No es tan espontánea, independiente ni accidental. Cierto, es aleatoria y caprichosa, pero por algo los genes son los genes. No es raro que alguien llegue a decirse: «Nunca imaginé que yo fuera a...», refiriéndose a algo bueno unas veces, otras a algo malo.

Sorpresas aparte y la vida es una continua sorpresa, no hay que exigir demasiado a nuestra capacidad de responder los mil desafíos que se nos presentan cotidianamente. No sé si por fortuna o por desgracia, traemos inscritas en el alma, líneas o guías generales de conducta y de pensamiento, como portamos innatos la estatura y los trazos faciales. ¿De cuáles antecedentes resultó Frida? ¿Por qué era como fue? ¿A quién o a qué se lo debió? ¿A la casualidad? Es fácil suponerlo respecto a los caracteres externos: el color del pelo y de la cara; la forma del cuerpo, ciertos detalles en la mano o la rodilla; la forma de movernos; en fin, características que permiten adivinar si pertenecemos a tal o cual familia. Observemos, por ejemplo, el retrato de cuerpo entero, pintado por el Güero Estrada y veremos en él algo de Frida; se me nota a leguas el sello Kahlo.

Frida Kahlo - Fotografía de Guillermo Kahlo, 1932.

No puedo menos que destacar la brutal sinceridad mostrada siempre por mi tía Frida en sus autorretratos, verdadera prueba de su carácter de retratista, siempre caminando por el filo de la navaja a riesgo de caer en cualquier exceso: La complacencia y aun el regodeo, o el rigor y hasta la crueldad. Pero lo que somos internamente, es más difícil de ver y todavía más complicado de plasmar en un lienzo. Por eso el retrato es, en la pintura, una especialidad particularmente exigente. Y esa exigencia se descubre de inmediato en los autorretratos pintados por Frida; reflejan lo que traía marcado desde el momento de nacer, lo que poseía en las cumbres de su voluntad, en los vaivenes del ánimo, en los mandatos de sus preferencias, los perfiles de sus aptitudes, los contrastes de sus repulsiones, características que no pueden explicarse sino como herencia de sus antepasados. Y con eso nos damos por satisfechos, o nos justificamos, nos conformamos o consolamos.

Pero ¿hasta dónde debemos remontarnos en el tiempo para reconocer nuestros orígenes familiares?¿Hasta dónde conviene indagar los rumbos básicos de esa ansiedad fundamental que, quizás explique y encauce nuestras tempestades interiores y nuestras respuestas?¿Hasta dónde cavar para encontrar razones, excusas, sosiegos o cobijos? No lo sé. Supongo que depende de cada persona. Por lo que he leído, a la mayoría le basta con llegar a sus abuelos, y también a mí ha de bastarme.

Guillermo Kahlo Kaufmann (Baden-Baden 1872 / México DF 1941), mi abuelo, fue un personaje maravilloso, pulido en el trato y en su trabajo, sensible sin sentimentalismos, honesto a carta cabal, comedido al hablar, a veces distante pero siempre respetuoso de los demás, un poco misterioso en sus pensamientos y emociones, invariablemente pundonoroso y enemigo acérrimo de causar molestias a nadie.

Sus padres (abuelos de Frida) fueron Jacob Heinrich Kahlo y Henriette Kaufmann, ambos judíos húngaros de Arad, hoy Rumania, emigrados a Alemania. Mi bisabuelo Jacob, se dedicó a dos negocios: La joyería y la fotografía. El abuelo Guillermo sufría de epilepsia desde muy joven, a causa de una caída. Pero aún así viajó a México a la edad de 19 años y buscó trabajo con otros alemanes emigrados con él, propietarios de una joyería llamada «La Perla».

Guillermo Kahlo, autorretrato.

Tuvo muchos talentos y era incansable. Además de la fotografía, lo recuerdo tocando el piano magníficamente. Debió ser para él una verdadera tragedia, cuando al levantarse y querer tocar una melodía, descubrió la pérdida total de la capacidad auditiva. Supongo que el ejemplo de su compatriota Beethoven debió golpearle el espíritu como un puñetazo. Sólo que a éste la sordera no le llegó de pronto, como un rayo. Y mientras Beethoven era un ciclón impetuoso, mi abuelo era un árbol noble, y como buen árbol supo sobrellevar en silencio su fatalidad con dignidad y sin quejas.

Cuando se dedicó de lleno a la fotografía, por insistencia de su esposa, Matilde Calderón, cuyo padre había hecho una profesión de ese oficio, entonces no tan consolidado, ganó un lugar privilegiado en el ambiente mexicano de este arte. Gracias a mi abuelo se conservan testimonios de edificios y monumentos que datan de la época del «porfiriato», muchos de los cuales ya no existen, unos por causa de la llamada modernidad, otros por los devastadores efectos del terremoto de 1985. No sé qué haya sido peor. (Permítanme hacer una digresión, pero tengo que decirlo: Construir una ciudad sin respetar su trazo y perspectiva antiguos es una falta de visión. Para comprobarlo basta caminar por el antaño señorial Paseo de la Reforma, donde habitó mi tía Frida una corta temporada, recién casada).

Mi abuelo Guillermo Kahlo era viudo cuando contrajo matrimonio con mi abuela. De esa primera unión nacieron mis tías María Luisa y Margarita Kahlo. María Luisa nunca se casó y Margarita profesó como monja. Ambas vivieron muchos años y siempre fueron muy cariñosas con nosotros. Mi hija, Mara, cuyo nombre tomé de uno de los seudónimos de Frida, tuvo la oportunidad de conocerlas.

La primera esposa de mi abuelo, María Cárdena, murió muy joven, en su segundo parto. Poco tiempo después él se enamoró

de mi abuela Matilde Calderón y logró convencerla de que se casaran. Al parecer ya se conocían desde tiempos en que todavía estaba unido a su primera mujer, pues mi abuela era una de sus compañeras de trabajo en la joyería «La Perla». Tanto se había integrado mi abuelo Guillermo y Matilde, que cuentan que al momento de morir María, recurrió a Isabel, la madre de Matilde.

Fotografía familiar tomada por Guillermo Kahlo.

Mi abuela Matilde Calderón y González, madre de Frida, nació en Oaxaca en 1876, en una familia profundamente religiosa, y murió en la ciudad de México en 1932. Era hija de Isabel González y de Antonio Calderón, michoacano y fotógrafo, como mi abuelo. Las mujeres de esa familia profesaban una fe muy sólida, a tal grado que mi abuela y mis tías tenían una banca reservada para ellas en la Parroquia de San Juan Bautista, en

Coyoacán. No recuerdo claramente cómo era mi abuela, porque yo tenía apenas tres años cuando ella falleció. Pero imagino no debió ser muy fácil la relación inicial entre un señor alemán, ateo, y una señorita ultra católica de Oaxaca. Mucha tolerancia de ambas partes, supongo. Lo importante es que se casaron por la iglesia en 1890 y de ese matrimonio nacieron mis tías Matilde, Adriana, Frida y mi mamá Cristina. En ese orden.

Mis tías Maty y Adriana se casaron, con Francisco Hernández una y con Alberto «El Güerito» Veraza, la otra. Mi tía Frida fue la esposa de Diego Rivera (se casaron dos veces: una en 1929, año de mi nacimiento, y la otra en 1940). Mi mamá, —como ya mencioné— se unió en matrimonio con el español Antonio Pinedo Chambon. Por desgracia, sólo Cristina, pudo tener descendencia.

Primer fotógrafo oficial de Porfirio Díaz

El primer estudio fotográfico de Guillermo Kahlo estuvo situado en la parte superior de la joyería «La Perla», en el Centro Histórico de la Ciudad de México.

En un periodo de cuatro años de minucioso trabajo, logró tomar más de 900 placas; éstas formaron el archivo arquitectónico más importante del México de 1910. Esa colección fue encargo de José Ives Limantour, por entonces, Ministro de Hacienda de Porfirio Díaz. A mi abuelito le otorgaron un título de honor por sus fotografías.

De los dos estudios que tuvo Guillermo, no conocí el primero pero al segundo fui varias veces. Se encontraba en la calle 16 de Septiembre y fue allí donde Frida trabajó con él. Creo que era el mismo edificio en donde vivió de soltero a su llegada de Alemania

y con su primera esposa, María Cárdena. Mi abuelo Guillermo Kahlo era una persona callada. A su natural melancólico se aunaba cierta nostalgia tal vez por su tierra o por su familia, la que nunca volvió a ver. Además de sus ataques epilépticos, era un hombre de manías. Una de ellas era su preferencia por una cuchara sopera, al grado que, si a mi abuela Matilde se le ocurría poner otra en su lugar, él se molestaba. En esos casos mi abuelita lo enfrentaba diciéndole: «Memo, esa cuchara ya está sumamente gastada». Pero a él le importaban muy poco las razones de mi abuela y exigía el cambio inmediato de cuchara. Me gustaría saber qué significado tan especial tenía para él aquel objeto; acaso era la única prenda que conservaba de su casa. No sé, sólo dejo volar mi imaginación. Otra de sus manías era encerrarse en su recámara en cuanto llegaba del trabajo y salir de allí sólo para cenar.

Sin embargo, mis tías consideraban que, a su manera, había sido un padre dedicado y cariñoso. Su favorita era mi tía Frida y ella le pagaba con creces sus demostraciones de cariño. Mucho los unió la poliomielitis que atacó a tía Frida a la edad de 6 años; él era un ser muy aprensivo y, como padre, debió resultarle muy arduo temer que esa niña tan inquieta fuera a quedar atada a una silla de ruedas de por vida, lo cual por fortuna no ocurrió. Además, como ella misma muestra en el cuadro «*Mis abuelos, mis padres y yo*», había heredado las cejas de mi bisabuela paterna; ese detalle hubo de incidir de una manera especial en el ánimo de Guillermo. Con su característico realismo, Frida dejó escrito en su *Diario,* haber heredado los ojos de su padre y el cuerpo de su madre.

A los tiempos de bonanza, cuando mi abuelo ganó fama y dinero, siguieron otros amargos. Al estallar la Revolución escaseó el ingreso. Si a Frida le divertía contar con orgullo la forma en

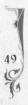

que mi abuela atendió a los heridos zapatistas en la Casa Azul de Coyoacán, a él no debió hacerle ninguna gracia quedarse sin empleo. Mucho peor tuvo que ser cuando la familia hizo frente a los gastos, curaciones y estudios médicos requeridos por Frida después del terrible accidente, que casi le costó la vida. En su *Diario* puede leerse que de niñas, ella y mi mamá, se encerraban en un armario a cantar los corridos de la Revolución. Y es comprensible, los niños disfrutan cualquier acontecimiento que aporte novedad en sus vidas, aunque éstos sean trágicos en la consideración de los adultos. Pero mis abuelos, que cargaban con la responsabilidad de dar a sus hijas lo mínimo necesario, debieron haber sufrido grandes angustias. Creo que por la enfermedad de mi abuelo, tanto el peso mayor de la casa como el cuidado de las cuatro hijas, debió recaer en mi abuelita Matilde. Quizá por eso enfermó de la vesícula biliar y murió a la edad de 56 años. Según contaba mi tía Frida, mi abuela, a pesar de ser iletrada en lo académico, era una verdadera fiera en eso de administrar el poco dinero que ingresaba al hogar. Tan mal llegó a estar la situación económica que la Casa Azul fue hipotecada, lo cual constituyó un golpe asumido por mi abuelo como un agravio a su honor, en su condición de jefe de familia.

Presentimientos cumplidos

Aunque sin educación formal, o quizá precisamente por eso, no hay duda que mi abuela Matilde desarrolló un sexto sentido para el riesgo y el peligro. El día en que fue embestido por el tranvía el camión en el cual viajaba mi tía, ella, que siempre la esperaba en el balcón, tuvo una fuerte premonición y exclamó de pronto: «¡A Fridita le sucedió algo terrible!» Menos de una hora después llegaron a avisarle del espantoso accidente.

Tengo presente la imagen de su tocador que, aparte del gran espejo, contaba con muchos espejitos alrededor y una plancha de mármol en la parte superior. Mi abuelita fue la mayor de doce hermanos, pero yo recuerdo sobre todo a cuatro: Isabel, Guadalupe, José y Anita. Mi abuela enfermó cuando dio a luz a mi tía Frida. Curiosamente comenzó a padecer el mismo tipo de ataques que sufría mi abuelito. Ignoro si la cantidad de problemas causados por la enfermedad de él desataron en ella ese mismo mal. Poco podía servirle mi abuelo de apoyo, pues él era sumamente ansioso, situación agravada con sus continuos ataques.

A pesar de eso, Frida siempre encontró motivos para bromear con ambos. A mi abuelo lo llamaba «Herr Kahlo», sólo para jugar, y a mi abuelita, que siempre tuvo fama de ser muy estricta, le decía «Mi Jefe». Poca tolerancia, disciplina y aún rigidez extrema, debió existir en aquella casa. Matilde, la mayor de las hermanas, entonces apenas quinceañera, tuvo que fugarse con su novio

Matilde Calderón de Kahlo.

ayudada por su cómplice perfecta: Frida, quien nunca tuvo demasiados reparos en eso de anteponer los dictados del corazón a las convenciones sociales o familiares. Como mencioné en el primer capítulo, la abuela tardó tiempo en perdonar a Maty por su fuga, mientras su padre se dio a la tristeza pensando que

51

nunca la volvería a ver. Frida se mortificó mucho por aquella nueva pena de Guillermo; se puso a buscar a su hermana "descarriada" y al fin la encontró viviendo venturosamente con su esposo en la colonia Doctores, entonces muy lejos del pueblo de Coyoacán, a causa de las deficiencias del transporte.

Por una corta temporada, muy joven todavía, mi tía Frida ayudó a mi abuelito a trabajar. Se iba con él al estudio y allí aprendió a fotografiar, a revelar y colorear con diminutos pinceles las tomas, que requerían retoque. Luego, como también hacía retratos, entró a trabajar con un grabador, de quien aprendió a copiar modelos. No faltó el día en que a Guillermo le diera un ataque en la calle; Frida debió hacer las veces de enfermera, y vigilante del equipo fotográfico, para evitar que los materiales de trabajo de su padre fueran robados. Como ella misma escribió en una carta muchos años después, en 1941: «Para vivir aquí (en México) siempre tiene una que andar con las púas de punta para no dejarse fregar por los demás». ¡Desde entonces!

Ignoro qué motivó a mi tía Frida a ser pintora; en qué momento de su vida lo decidió. Pero cuentan que cuando se acercó a Diego Rivera ya había declarado públicamente, con todas sus letras, y sin pelos en la lengua como siempre habló ella, que tendría un hijo con ese pintor tan famoso, casada o no con él. Como haya sido, cuando Diego comenzó a visitar la casa de Coyoacán tuvo que hablar con mi abuelito, quien quiso saber si esa relación entre una muchachita de 21 años y aquel hombre que le doblaba la edad, era seria. Seguramente mi abuelo, lo mismo que mi abuelita, debía conocer bien la mala fama que rodeaba al pintor, sus escándalos, los numerosos y tormentosos romances atribuidos a él por el rumor popular, y por supuesto, sus legendarias fantasías (la más famosa de ellas, según la cual se había declarado comedor de carne de niño).

Creo que el pobre de mi abuelo quiso ser muy honesto con Diego, o tal vez intentó asustarlo, diciéndole que su hija era muy inteligente pero «guarda un demonio dentro de sí». Ese reconocimiento paterno, resultó como un intento de apagar un incendio con cubetazos de gasolina. Imagino la emoción sentida por el experimentado Diego Rivera al escuchar esa frase, la cual causó en su espíritu "contreras" el efecto opuesto al buscado por mi abuelo, es decir, que aquel "monstruo" se fuera con sus pinceles a otra parte.

El 21 de agosto de 1929 Diego y Frida contrajeron matrimonio en Coyoacán. Yo no sé si la fiesta resultó divertida o no. Sólo conozco dos detalles, ambos escandalosos, característica que habría de signar su unión de pasiones sin freno. El primer detalle es que a la ceremonia solamente asistió mi abuelo y no mi abuela, intolerancia familiar acorde a la manifestada en ocasión de la fuga de mi tía Matilde. Y el segundo, que mis tíos riñeron de tal manera durante la celebración que Frida regresó llorando a la Casa Azul y no salió de ahí sino hasta cuando Diego, la convenció de perdonarlo y de irse a vivir con él. No recuerdo el motivo de ese pleito, pero imagino cuál fue la objeción de mi abuela; su hija se había casado con un hombre que ya tenía en este país mujer (Lupe Marín) y dos hijas, un hombre que era redomado ateo, y para colmo, comunista. Bueno, su esposo Guillermo también era ateo, pero se casó con ella por la iglesia, mientras que Diego no.

Un yerno muy especial

El casamiento de Frida tuvo como consecuencia secundaria aliviar la ya crónica estrechez económica de la familia Kahlo. Porque todos fuimos a vivir en la Casa Azul, a excepción de mi tía Matilde, a quien le había ido muy bien con su esposo. En ese tiempo mi hermano y yo pasábamos por la pena de ver que nuestros padres se separaban, cosa que en ese momento no entendíamos. Sólo años después fui capaz de comprender que el alcoholismo y el «donjuanismo» de mi papá habían resultado inaceptables para mamá. Yo habría actuado igual a ella, de estar en su lugar. Pero eso es ahora, por entonces no nos era fácil asimilar ese hecho traumático.

Diego pagó la hipoteca de la Casa Azul; él y mi tía Frida se mudaron a una mansión ubicada en el Paseo de la Reforma 104, donde, según contaban, vivían como nosotros, entre mucha gente; comunistas muchos de ellos. David Alfaro Siqueiros y su esposa de los más asiduos, entre otros. Poco después, Diego fue contratado para pintar un mural en el Palacio de Cortés, en Cuernavaca, y más tarde él y Frida salieron para Estados Unidos.

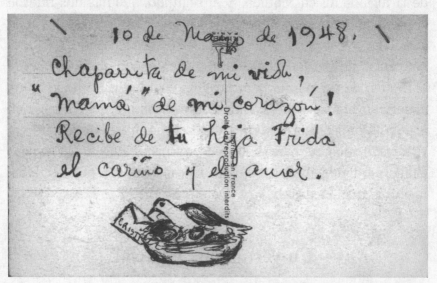

Recado para Matilde Calderón, en el día de las madres.

Una carta de ella a mi abuelita, fechada en 1932, año de su muerte, alude a una peculiar causa de tristeza para mi abuelo porque decía sentirse «arrimado» en su propia casa. Tal vez

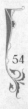

pensaba que si su yerno había pagado la hipoteca, ya no le pertenecía, lo cual habla de su alto sentido de responsabilidad, de su orgullo consigo mismo y ante su familia. Como Mátilde le había contado que mi abuelo debía dinero a un negocio de artículos fotográficos, Frida respondió ofreciéndole enviar «el dinero que haga falta».

Durante ese viaje de Diego y Frida, mi abuelita enfermó de cólicos. Me contaba mi mamá que, al operarla, el doctor encontró más de cien cálculos. Mi tía Frida, quien apenas dos meses atrás había sufrido un aborto, que la demolió física y anímicamente, emprendió un tremendo viaje de cinco días por tierra desde Detroit a México, acompañada por una amiga. Gracias a eso alcanzó a despedirse de su madre, quien en su última semana de vida había sido atacada por un cáncer fulminante. Fue un golpe muy duro para todos nosotros.

Frida y su amiga debieron regresar a Estados Unidos. En la estación del ferrocarril lloramos mucho al ver que el tren empezaba a alejarse. Mi abuelito Guillermo fue quien más resintió la pérdida. A pesar de las atenciones que mi madre intentó prodigarle, se encerró en sí mismo.

Poco tiempo después de la muerte de mi abuela Matilde Calderón de Kahlo, Guillermo decidió mudarse de casa e irse a vivir con su hija Matilde y esposo. Ella no tuvo descendencia y en su casa mi abuelo parecía sentirse más a gusto que en la Casa Azul, tan grande y ahora tan vacía. A su ya larga lista de tribulaciones —ataques epilépticos recurrentes, problemas económicos crónicos, sordera repentina y total— se agregaba la soledad de la viudez, su segunda viudez.

Para cuando Frida regresó definitivamente de su viaje a Estados Unidos, mi abuelo estaba en un estado de profunda tristeza y depresión. Se encerraba en su habitación del nuevo domicilio, pero desde luego, cada vez que Frida estaba delicada de salud, él y mis otras tías iban a verla. Afortunadamente, estos movimientos nunca provocaron conflictos mayores; todo se hizo siempre de común acuerdo entre las hermanas.

Cristina y Frida, al regreso de ésta de los E.U.A.

Otra causa que agravaba el aislamiento de mi abuelo fue que siempre se mantuvo distante del ambiente que rodeaba a Frida y a Diego. Tal vez no se sentía parte de ese mundo de artistas y bohemios o, de plano, no los entendía.

Existe un álbum con las fotografías tomadas por mi abuelo. Ese álbum estuvo en mi poder durante muchos años, pero tuve que venderlo en una etapa de penuria por la cual pasamos. Se había interesado en él un conocido anticuario, especialista en libros y objetos antiguos; además sabía valorarlos. Así le entregué ese patrimonio que, por otro lado, pagó muy bien.

Guillermo Kahlo trabajó para la Compañía Fundidora de Hierro y Acero de Monterrey entre 1909 y 1936. Retrató los talleres de la empresa y registró fotográficamente la construcción de edificios de los cuales la Fundidora había surtido las estructuras de acero a lo largo del país, principalmente en la Ciudad de México. Las fotografías de Guillermo Kahlo son las primeras que existieron de la Fundidora Monterrey y forman parte del acervo del archivo histórico del Parque Fundidora.

Aún conservo en mi poder 114 daguerrotipos, placas fotográficas en vidrio de 8 x 10 y de 12 x 14, en su mayoría de monumentos y edificios. (*)

Como ya he mencionado, mi abuelo tocaba el piano, y mi tía Maty solía cantar en alemán. Tengo muy presente cuando él, con su voz profunda, me decía en su idioma y con cierta aspereza: «Isolda, tienes que hablar alemán». Sin embargo, esa lengua no se me facilitó; sólo aprendí algunas frases y palabras básicas. A lo mejor, las dificultades para iniciarme en el uso del alemán y aprender a gustar de él, estuvieron en el método de enseñanza empleado por mi abuelo Guillermo. Cada vez que pronunciaba mal una palabra me daba un manazo. Evité sumarme a la práctica con él.

Algo que me causó cierta curiosidad fue por qué mi abuelo nunca trabó relación cercana con León Trotsky cuando el matrimonio ruso vivió en la Casa Azul. Invariablemente se mantuvo alejado de ellos, e incluso solía preguntar a Frida sobre quién era "ese señor". No lo hacía por desprecio, en absoluto, mi abuelo no era así, pero su frialdad hacia ellos era evidente. Si comprendió de quién se trataba, supongo, prefirió no inmiscuirse en asuntos políticos. Quizá le costaba trabajo entender por qué tantas personas se exponían a morir o estaban

---

(*) NOTA DEL EDITOR: Se calcula que sólo el archivo de Porfirio Díaz llegó a tener unas 900 placas tomadas por la cámara de Guillermo Kahlo.

dispuestas a vivir «acuarteladas», por defender a un hombre y algunas ideas que seguramente le parecían extremas cuando no, exóticas.

La muerte de mi abuelo en 1941 fue uno de los dolores más grandes que tuvieron mis tías, especialmente Frida. Ella apenas estaba saliendo del traumático divorcio con Diego, y su rápida reconciliación; había estado muy deprimida y enferma. Su loro favorito «Bonito», murió y el mono araña, «Caimito de Guayabal», sufrió pulmonía. Por suerte, no perdió a su chango predilecto. Además, abandonó la casa de San Ángel y se mudó a Coyoacán. Creo que todos los recuerdos infantiles le cayeron encima. Las paredes, guardan sus secretos...

He logrado mucho.
Seguridad al caminar
Seguridad al pintar
Amo a Diego
más que a mí misma.
Mi voluntad es grande
Mi voluntad permanece
Gracias al magnífico amor de Diego, al trabajo honrado
e inteligente del doctor Farill. Al intento tan
honesto y cariñoso del doctor Ramón Parrés
(el psiquiatra de Frida) y al cariñoso doctor de toda mi
vida, doctor David Gluskeray y al doctor Eloesser.

Diario. Fragmento.

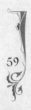

III

MI MADRE CRISTINA

*FRAGMENTO TOMADO DEL DIARIO DE CRISTINA KAHLO

Cristina Kahlo Calderón.

Nota del Editor: Entre los documentos de doña Isolda Pinedo Kahlo, pudo rescatarse del olvido este primer texto que corresponde al principio de un Diario escrito por doña Cristina Kahlo Calderón, cuyo contenido está, por desgracia, incompleto. Presentamos al lector la versión tipografiada, para su mejor comprensión, aclarando en todo lo posible su sentido, a través de la puntuación. Las palabras son las mismas utilizadas por Cristina Kahlo Calderón y las afirmaciones son de su absoluta responsabilidad. Se citan aquí por su valor histórico.

 engo ahora 42 años y si te platico a ti lo que he visto y vivido durante los últimos 20 años, es porque se que tú no puedes criticarme ni reprocharme...

De los primeros 20 años no te platico mucho, pues en realidad fui una niña como hay muchas, con un padre y una madre magníficos, mi padre de nacionalidad alemana y mi madre, mexicana.

Facsímil de las páginas 1 y 2 - carta del diario de Cristina Kahlo

Facsímil de la página 3 - carta del diario de Cristina Kahlo

Quizá la mezcla de razas (la abuela era española) me hizo una gente con un carácter distinto, por una parte muy confiada y, por otro, extremadamente incrédula en todos los sentidos.

...Esa ha sido una lucha enorme (..) que he tenido pues no me ha permitido definirme en un solo sentido, sino con unas variaciones tremendas.

...Después de pasar una niñez bastante normal y lograr hacer mis estudios solamente hasta la Normal para Maestros, comenzó en mí a los 14 años a desarrollarse el instinto sexual, que no podía desarrollar por vivir en una familia pequeño burguesa y con ideas atrasadas a mi época...

«*Eso me hizo pensar en casarme y así lo hice a los 16 años y medio, con un señor de 33 años al que creí querer, y que esto se desvaneció en cuanto me casé. Con él tuve dos hijos, pero siempre con la idea de liberarme de aquello que para mí era un tormento, dado que, como te digo, no era tal amor. Luché también para deshacer eso que creí era un error en mi vida. Tuve una niña y un barón, hijos a los que adoré doblemente sabiendo que al quitarles al padre yo cogía una responsabilidad doble con ellos, más que comencé una vida nueva sin más capital que mis dos hijos y mi poca experiencia en lo que la vida nos enseña, y ahí comienzan mis veinte años de lo que quiero platicarte.*

«*Con valentía y con una necesidad enorme de ganar dinero para mis dos hijos; echando a un lado todo lo que la opinión pública dijera de mí, dado a que era yo tan joven y se decían de mí muchas cosas, pensé que lo primero que debía hacer es olvidarme de qué dirán y seguir mi camino que era el importante.*

«*Recurrí primero a mi familia que eran tres hermanas, de las cuales sólo me respondió una, la hermana más querida para mí, pues era enferma de la espina, casada con un pintor famoso. Ella me ofreció ayudarme a cambio de que yo le hiciera la comida y le atendiera su casa...*»

"Unos cuantos piquetitos"

Como ya he mencionado, mi madre fue Cristina Kahlo Calderón (julio, 1908— 1964), la menor de la familia de Guillermo Kahlo y Matilde Calderón. La relación entre mi madre y mi tía Frida fue muy estrecha, según puede comprobarse con la lectura de la carta incluida en estas memorias. Amén de las travesuras infantiles

que corrieron juntas, hay que agregar dos detalles importantísimos que demuestran la afinidad entre estos dos caracteres tan fuertes. La primera: Entre 1928 y 1929, cuando Diego Rivera pintó los muros de la Secretaría de Salubridad, Frida convenció a Diego de permitir a su hermana menor posar para él. Cristina, con su mirada lejana, su figura pequeña y redondeada, podrá ser una adecuada modelo para los motivos recién perfilados por el muralista. En ese tiempo, mi mamá tendría veintiún años y mi tía veintidós, aunque Frida insistía en tener menos. Para aquellos muros de la Secretaría de Salubridad, Diego necesitó mostrar mujeres fuertes en sus murales, representando el poder de la vida y la sabiduría en sus diferentes aspectos.

La figura de mi madre quedó plasmada en la estampa titulada *«El conocimiento».* En su primer plano, la pintura muestra a la mujer sosteniendo una flor y, en el segundo, a la serpiente enrollada en una rama; ésta es bíblica representación del bien y el mal. El animal dirige la cabeza hacia mi madre: El saber rivalizando con la fuerza. Otro desnudo mural que pintó Diego en dicha Secretaría es el intitulado *«La pureza»,* en donde Cristina Kahlo vuelve a aparecer, ahora en el techo del edificio, aparentemente suspendida en el aire y mirando hacia abajo. Este fresco representa la vida, abarcándolo todo.

El segundo hecho, para confirmar el cariño y la comprensión que hasta la muerte de Frida prevaleció entre ambas hermanas, fue el apoyo recíproco en todos los momentos de su vida, fueran alegres y triunfales, o difíciles y peligrosos. No se trataba que mi madre eligiera, por razonas obvias, estar donde se encontrara Frida cada vez que caía enferma; no es sólo eso. También Frida mandaba llamar a Cristina, su confidente, cuando temía que una operación o cualquier otra circunstancia, amenazaran con arrebatarle la vida.

Además de los retratos de la familia pintados por Diego y por Frida, mi mamá, Frida misma, mi hermano Antonio y yo, volvimos a servir de modelos para un fresco de Palacio Nacional en 1935. A mi modo de ver, las figuras femeninas están muy bien definidas por su personal idiosincrasia. Frida Kahlo aparece simbolizando su amor hacia los pobres, mientras que mi madre lo hizo plasmada detrás de sus hijos que miran hacia arriba. Tanto a mi nieta Mara como a mí, se nos ha ocurrido preguntarnos, ¿a quién estábamos realmente mirando? ¿A Diego Rivera?

No sé con cuáles argumentos convenció Frida a mi madre para que accediera a ser una de las modelos de Diego, pero no es difícil concluir la causa: Se trató de una estrategia muy bien meditada por Frida Kahlo, para apartar al muralista de tantas mujeres. Se comenta en los libros aquel desfile de bellezas por sus andamios, sitio a donde las féminas acudían para ligarse con él de alguna forma, entrando siempre por los ojos del pintor. Frida misma ya había sido «modelo» para el entonces célebre y polémico artista; su figura juvenil —*20 ó 21 años en ese momento*— puede apreciarse hoy en la pared sur, donde comienza el Corrido de la Revolución Proletaria, en el panel del «Arsenal»: Allí aparece ella junto a Tina Modotti, repartiendo armas a los obreros. Frida está ataviada como le gustaba vestir de joven, con camisa blanca y pantalones. Lo más apreciable del mural, desde mi punto de vista, es que mi tía no fue pintada por Rivera, el muralista experto en actitudes, como una belleza pasiva, sino como activista social y en primer plano, detrás de una mujer indígena, pequeña de estatura, vestida de overol.

Ya en la vida cotidiana de la Casa Azul, Cristina, la menor y más bajita de las hermanas, siempre estuvo atenta a los pendientes. Como se lee en la carta dirigida a «un papel silencioso», mi tía Frida fue la única dispuesta a tenderle la mano para ayudarla a salir avante con nuestra manutención. Cristina, cuidaba de las

vituallas para preparar alimentos, de la frescura en cuanto a provisiones; además, nos llevaba a la escuela e iba a recogernos, servicio no siempre fácil, pues como he mencionado, en tiempo de lluvias las calles de Coyoacán, unas empedradas y otras de tierra apisonada, se transformaban en grandes lodazales; mi hermano y yo teníamos que ir a la escuela en un transporte con orejas largas. Por cierto, la primera calle pavimentada de Coyoacán fue la de Xicoténcatl, que atravesaba todo el pueblo, porque en aquellos años Coyoacán todavía era un pueblo. Durante las épocas en que no teníamos chofer, porque había renunciado o cuando Frida carecía de dinero para pagarlo (pasamos tiempos muy difíciles), mi mamá manejaba el carro o la camioneta de Diego, para transportar a quien se le ofreciera moverse de ahí a la casa de San Ángel, o viceversa. El automóvil de mis recuerdos estaba siempre listo para partir y era de color azul. «¡Ahí viene *el azulito!*», gritaba Frida, y nosotros sabíamos quién venía por la calle dando tumbos en aquella cacerola con ruedas; ni más ni menos nuestra querida madre.

A *la Chaparrita* —como le decía cariñosamente Frida— nada se le dificultaba, o al menos no hubo obstáculo que no venciera. En algunas ocasiones mi mamá hasta se animó a hacer viajes foráneos, por carreteras y caminos que no eran las rutas bien trazadas ni bien mantenidas de ahora. Gracias a esta ayuda, los pinceles, colores y caballetes de Diego o Frida captaron lo que en sus pinturas se transformaría después en imágenes sugerentes de esta tierra mexicana. Y *—por qué no decirlo—* ¡también los cuadros se traducían en dinero! Por esta razón, creo yo, la gente debe ser agradecida, pues el valor de las obras de arte se potencia con el esfuerzo de quienes están detrás de los artistas, soportándolos y apoyándolos. Esos trabajos silenciosos, en no pocas ocasiones, quedan en el anonimato y casi nunca se agradecen.

Exponiendo la vida

De mi mamá existe una anécdota memorable. En una ocasión, después del primer atentado contra León Trotsky encabezado por el pintor David Alfaro Siqueiros y 20 hombres más, llegó alguien corriendo a avisarnos que la vida de mi tío Diego corría peligro. Él necesitaba salir con urgencia de la casa y alejarse de inmediato. De hecho, en esos momentos «los policías» ya estaban por tomar la entrada de Allende, o sea, el garaje de nuestra casa. Sacando fuerzas de flaqueza, mi madre tomó a Diego de la mano y, guiándolo como a un muchacho asustado, lo condujo por las escaleras que dan al patio, tras lo cual corrieron hasta llegar a donde se encontraba estacionado aquel automóvil azul, marca Ford, bautizado como el «Fotingo». Diego se metió rápidamente al carro, pero en la cajuela; mi mamá echó a andar aquel vejestorio mecánico. Lógicamente, al salir de casa la detuvieron dos hombres vestidos de civiles dando la voz de alarma: «¡Se fuga Rivera!»

Los pretendidos policías no eran sino miembros de la corriente ideológica contraria a la de Diego Rivera. Eran, ni más ni menos, los estalinistas militantes y multiplicados dentro del Partido Comunista Mexicano. Con toda la sangre fría de la que fue capaz, Cristina Kahlo detuvo la marcha del motor y retirando las llaves las extendió a uno de estos hombres diciéndole: «Señor, ya se me hizo tarde para recoger de la escuela a mis dos hijos. Si quiere acompáñeme, o tome las llaves y revise usted mismo la cajuela». El hombre aquel, quien quiera que fue, seguramente pensó: Si la propia Cristina Kahlo, cuñada de Rivera, actúa con semejante aplomo, la mujer no puede llevar a nadie oculto en el automóvil, ¡mucho menos al perseguido Diego Rivera!; entonces decidió permitirle continuar su camino. Gracias a eso mi mamá Cristina condujo al muralista —entonces Trotskista, Diego Rivera— a un lugar donde había un rebaño de chivos paciendo, hoy el famoso Pedregal de San Ángel. Allí, un amigo de Diego —de quien nunca quiso revelar el nombre— tenía una propiedad que le sirvió como escondite por un par de días.

Más adelante, el segundo ataque de los comunistas opositores del revolucionario ruso, culminó en el asesinato del exlíder soviético León Trotsky, a manos de Mercader. Mi tío se vio forzado a huir del país rumbo a los Estados Unidos, ayudado por funcionarios del Gobierno, convencidos de que Diego podría ser todo lo deslenguado del mundo y hasta violento, pero nunca un traidor, menos por la espalda.

Pero volviendo al tema de Cristina, así de valiente fue mi madre sin que por ello mermara su dulzura: Siempre tuvo un gran corazón; siempre fue una persona compasiva, dotada de gran paciencia. A sus hijos nos quiso muchísimo y, no obstante ese amor, expuso su vida para salvar la de su cuñado. La recuerdo

Isolda P. Kahlo, Cristina Kahlo y Antonio P. Kahlo, en vacaciones.

anteponiendo gustos e intereses para complacer a los demás, o protegernos a nosotros. Inclusive, buscando evitar consecuencias fatales, llegó a interponerse en la riña de dos bravucones con pistola al cinto: Diego y un hombre desconocido para ella.

Mis tíos no fueron los únicos involucrados en dar refugio a militantes republicanos españoles, trasladados a México en el gobierno de Lázaro Cárdenas. Mi mamá tuvo, en la casa de Aguayo, a algunos refugiados de la Guerra Civil. Si mal no recuerdo fueron más de veinte refugiados, muy bien instalados aquí como en su casa. Si pudiera revivir el pasado y a mí, como a mi madre, me tocara padecer de nueva cuenta aquella etapa, yo no aceptaría hacer lo que ella sí concedió, pues no todos los hijos de España llegados a México eran lo educados, preparados y respetuosos que se hubiera esperado o deseado, como sí lo fueron los intelectuales, sembradores de sabiduría, para el mejor desarrollo de las ideas en México. En la casa hubo de todo, como en la conquista.

Además de conducir el carro de Diego, cuidar niños y mantener la Casa Azul funcionando, mi mamá se ocupaba de dirigir y controlar a los sirvientes. En casos de necesidad llegó a conducirse, pistola en mano. ¡Sí!, Cristina Kahlo Calderón usaba pistola y ella también me enseñó a disparar mirando hacia un muro cubierto de hiedra, aún existente en este inmueble. Un día me dijo: «Mira, fíjate cómo se hace, para que te defiendas». Tomó el arma con firmeza entre las manos y ¡taz, taz, taz..!, quemó la carga de seis balas.

Ella y Frida se llevaban muy bien, pese a ser ambas de carácter fuerte. Una cualidad que le reconozco a mi madre es haber sido comprensiva; tenía la facultad innata de mostrar gran empatía con todos en su entorno, como yo a esa edad.

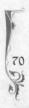

El arte de ser Kahlo

Con Diego Rivera, más que con algún otro ser humano, una tenía la obligación de estar atenta para captar en el aire por dónde iba a *saltar la liebre*. Cuando vivíamos con él y con Frida, si Diego estaba de buen humor solía hacer unas bromas desconcertantes, haciéndome parecer tonta o neurótica. Lo mismo sucedía cuando quería molestar a alguno de sus compañeros, súbitamente convertido en su enemigo, aunque luego después se reconciliaran. Voy a platicar una anécdota para explicarme mejor:

Un día llegó David Alfaro Siqueiros a visitar a mi tío, y éste no estaba para visitas. Le molestaban mucho las interrupciones, ¡hasta para comer!, cuando estaba pintando. El muralista Siqueiros, en general, buen camarada de mi tío —por lo menos durante ese mes no habían tenido diferencias—, le preguntó algo a Diego y él respondió con puras incoherencias. Entonces comenzaba la triangulación: «Oye, *me preguntaba Siqueiros*, ¿qué le pasa a tu tío?» Y Diego, mirándome, decía, pero en Náhuatl: «*Cholda*, ¿ya oíste lo que está diciendo este güey?» ¡Ni modo de traducir literalmente un mensaje así, entre Rivera y Siqueiros, hombres a quienes por entonces yo veía como dos monstruos! Siqueiros volvía a preguntarme: «¿Qué está diciendo Rivera?» Yo sólo abría los ojos y corría mi mirada entre uno y otro, tratando de contener la risa para no hacer evidente que Diego estaba burlándose de Siqueiros. No iba yo a transcribirle el güey embozado por mi tío en Náhuatl. Entonces yo replicaba: «No sé don David, no lo escuché bien», y Siqueiros ponía cara de «¡Vaya, pues!», como lamentando mi condición subdesarrollada, luego alzaba los hombros y se iba.

Esas cosas suceden cuando una vive con gente sabia y mañosa. Diego había aprendido bien el caló de nuestro país y algunas

lenguas indígenas, y le gustaba valerse de eso para jugar. Lo cierto es que Diego y Frida hablaban bien el Náhuatl, lo aprendieron en unos cuantos meses. Eran personas muy instruidas, pero no alardeaban de ello. Ojalá mi descendencia y yo hayamos heredado de Frida cuando menos esa virtud: La modestia. Quedará a otras generaciones juzgarlo, pues se dice que los herederos de los genios suelen dar la «mala nota». Lo no mencionado muy a menudo, pero también cierto, es: Para heredar con gracia, también habríamos de ser geniales.

La casa de Reforma estuvo adornada con grandes judas.

Ni Frida ni Diego se comportaron jamás groseramente con las personas. Nunca trataron a ninguno como si fueran inferiores a ellos. He aquí una lección. Jugaban mucho entre los dos, y también de eso debimos aprender: A veces es tan difícil encontrarle el lado lúdico a la vida, sobre todo cuando se tiene un padecimiento crónico, como el de Frida.

A Siqueiros lo conocí menos que a otros pintores; lo vi pocas veces en casa de mis tíos, porque entre ellos hubo diferencias ideológicas y personales, con carácter de intermitentes. Los miembros del Partido Comunista Mexicano se dividían por cualquier cosa; unos pensaban «verde» y otros publicaban lo contrario; se atacaban en los diarios como verdaderos enemigos. Existía un tira y afloja muy fuerte por esos años.

La granja

Otra curiosidad de mi madre era criar pollos. Montó una granjita en donde reunió gallinas rojas de raza Rhode Island, otras blancas con gris de raza Vaga, y más, blancas, de origen japonés. ¡Es notable hasta dónde pueden llevarnos los recuerdos! De aquella granjita comíamos todos, patrones y trabajadores; además de comer sano, mi madre logró reducir drásticamente los gastos en aquella casa.

Doña Mary —esposa de uno de los ayudantes de Diego— ayudaba a mi madre en los quehaceres de la casa y en la cocina. A Cristina le encantaba guisar, y lo hacía de una manera exquisita. En verdad era excelente cocinera. Todos en mi familia ayudábamos en los quehaceres y pendientes de la casa, cada uno de acuerdo a su edad, destreza y circunstancias.

Otra escuela: El esfuerzo diario

Por asociación de ideas me doy cuenta de algo: Con aquella generación se acabaron los grandes pintores en México; ya no los hay verdaderamente trascendentes. No tenemos un Siqueiros, un Rivera, no existe una Frida Kahlo o un Estrada. Y con este último apellido se abre otra ventana al pasado. Viene a la memoria un grupo de muchachos que estudiaron en la Casa Azul, con mi tía Frida. En realidad ellos la siguieron desde que comenzó a dar clases en La Esmeralda. Y cuando a su maestra se le dificultó trasladarse a la academia, no dudaron en venir desde puntos distantes para seguir al lado de quien les proporcionaba no sólo una gran calidad de dirección, sino a quien jamás les impuso un motivo diferente al de seguir sus propias intuiciones como artistas; con su maestra tenían todo por la fabulosa cantidad de 252 pesos, salario devengado por Frida Kahlo durante su época en la escuela. La libertad creativa, al igual que la económica, fueron casi una religión para ella. Mi madre también los quiso mucho. Yo, en especial a uno: Guillermo Monroy. Todavía conservamos una gran amistad. En el álbum de los recuerdos mexicanos, se les conoce con el sobrenombre de «Los Fridos».

Me apena ver que los jóvenes hoy en día, poco después de haber empezado ya quieren exponer en Bellas Artes. Deberían conocer la historia de pintores como «Los Fridos», quienes comenzaron a pintar desde muy temprana edad y terminaron asistiendo a los grandes talentos de una época, considerada por mí la más plena del arte en México. Por ejemplo, Rina Lazo fue ayudante de Diego, y Arturo García Bustos completó su aprendizaje con José Clemente Orozco. Otros alumnos de mi tía fueron, como ya mencioné, Guillermo Monroy, Fanny Rabel y Arturo Estrada. Ellos son «Los Fridos», grandes pintores formados con paciencia y muchos sacrificios; había entonces en México mucho talento y muy disciplinado esfuerzo. Creo que los jóvenes de ahora, además de no respetar y reconocer a los maestros anteriores a ellos, desean llegar a la fama por una vía muy corta. Eso no existe.

Los cuidados a Frida en sus últimos meses

La tarea más importante de Cristina Kahlo fue el cuidado y la asistencia física de mi tía Frida, cuando se puso muy enferma y no podía valerse por sí misma. Casi al final de la vida de Frida,

mi mamá tuvo la necesidad de dividir su tiempo entre dos grandes amores. Había nacido mi hija Mara, y mi madre sintió el deber de ayudarme con el cuidado y crianza de la pequeña; ¡era la primera y única nieta! Desde ese momento Cristina, abuela de Mara por un lado, y por otro hermana de Frida, tuvo que batallar aún más intensamente. Haciéndose pedazos entre dos obligaciones, iba de una casa a la otra. Incluso llegó a llevarse muy bien con mi esposo, Julio Romeo. Cuando se veían, el trato era cortés, sin simulaciones. De modo que como suegra, Cristina Kahlo también pasó la prueba.

Así la recuerdo: como la hermana más entregada y solidaria que pudo tener Frida Kahlo; como una cuñada valiente de Diego; como solícita y cuidadosa madre; y abuela desbordante además de amorosa para mi hija Mara.

Entre la incredulidad y la confianza

Ignoro si sea correcto afirmar que una vive a través de los padres, y más tarde, aprende a través de los hijos. Quizás inmerecidamente para mi madre, he guardado un secreto doloroso, correspondiente a sus últimos años de vida, cuando el cansancio de cinco lustros dedicados al cuidado de una enferma queridísima para ella, comenzó a hacer mella en su organismo. Los golpes del destino y las cicatrices de la vida comenzaron a aparecer oscureciendo su salud, convertidos en síntomas, en tristeza y enfermedad.

Ya lo mencioné: Nosotros jamás vivimos esperanzados con herencia ninguna, ni dábamos amor y cuidados a cambio de cosas, valiosas o no, como menciona mi madre en su carta. El amor bien entendido no es un trueque, pero mal o bien una espera, por lo menos, gratitud. Una especie de seguridad en la vejez, desgraciadamente construida con ladrillos muy específicos: Los del dinero.

No sé precisar por qué mi tío nunca le agradeció a Cristina Kahlo, su cuñada, todo el esfuerzo invertido en aquella Casa Azul de Coyoacán. Frida era muy diferente a su marido, emocionalmente hablando. Ella testó a favor de mi madre un departamento en la calle de Insurgentes, vendido antes de la muerte de Frida.

Cristina registra, en uno de sus cuadernos de notas, reproducidos en este libro, que, a muy pocos días del deceso de Frida, firmó un documento en el que mi tío Diego quedaba investido de un poder universal sobre los bienes de Frida, casada en segundas nupcias bajo el régimen de sociedad conyugal. La Casa Azul, propiedad de Frida Kahlo, fue un bien que ella adquirió mucho antes de 1940. No entiendo cómo se pudo disponer de dicha casa, si como dice mi madre en su carta, era la casa de sus padres. No lo sé.

Dentro de las afirmaciones de mi madre, se encuentra que como compensación por la firma que les diera, los Rivera ofrecieron un terreno; que yo sepa jamás llegó a manos de Cristina. Ella me decía y así lo registra su escrito, que le atormentaba no haber podido cumplir con el único y último deseo de su hermana: No dejar en manos «ajenas» sus papeles y correspondencia más íntima. El licenciado Bassols la acompañó a La Casa Azul, estando presente la secretaria de mi tío Diego, Teresa Proenza. Ambos prometieron que destruirían aquello que a mi mamá no le permitieron llevarse consigo; nunca cumplieron su ofrecimiento, lo cual se evidencia en las notas que escribió.

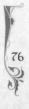

La casa de sus padres, Guillermo Kahlo y Matilde Calderón; los objetos personales de valor y hasta las baratijas; la ropa, los muebles y los trastos, decía ella que fueron objeto del saqueo. La misma escena se repetiría 3 años más tarde con algunos bienes de mi tío. Es increíble la naturaleza humana pero ni en lo mínimo fueron capaces de dar gusto a los difuntos.

Poco después de la firma de la carta, a mi madre le ofrecieron una cantidad irrisoria, decía ella. «Yo no me vendo, sabiendo que todo está fincado en bases falsas». No me es muy claro ni el cómo ni el por qué la mitad de los bienes que correspondían a mi tía Frida, no les fue entregada a sus herederas. Tampoco cómo se repartió la mitad perteneciente a mi tío Diego, de la herencia de ella. Pero éste es un tema del pasado que quizá ya no tenga importancia y sólo viene a mi memoria dado que corresponde a la última parte de la vida de mi madre.

No obstante lo anterior, quiero ser franca y absolutamente clara: No guardo rencores; la vida es tan corta y tan sabia como las vueltas de la fortuna. La justicia pertenece a Dios y Él sabe cómo reparte el poder de sus dos manos. Yo, aspiro a descansar en paz. Me trató con misericordia y pido porque a cada cual, llegue la luz. Es todo. Los documentos quedan. Hoy, están sueltos, ya sin el resguardo de mis cerraduras.

Del diario de Cristina, segundo documento
Nota del editor:
Esta carta de la señora Cristina Kahlo Calderón hace referencia
al testamento de Frida, de Diego y de la formación del
Fideicomiso (Trascripción literal. Las afirmaciones son
responsabilidad de su autora)

Quiero dar a conocer públicamente la manera de cómo se ha desarrollado la Herencia de Diego Rivera y el Fideicomiso que

forma el Banco de México con los bienes que donó el propio Diego Rivera antes de morir.

Debo comenzar por decir que Diego dejó un testamento en el que deja como herederos las siguientes personas. 1.- Su hija Lupe Rivera de López Malo. 2.- Su hija Ruth Rivera 3.- Su ex mujer, casada por la iglesia con él únicamente, Lupe Marín. A Arturo Arámburo. A Doña María Rivera, hermana única de Diego, a Luisa Kahlo, a Manuel Martínez, su ayudante; a dos albañiles, y a su ex cuñada (ilegible) Kahlo, aquí copiaré exacto el testamento.

De dicho testamento resultan únicamente beneficiados su exmujer y sus dos hijas pues de los dos terrenos que dejara a las siguientes personas el que daba a su hermana María y a la señora Luisa Kahlo se los vendió antes de morir al P.C., que después éste vendió a Lupe Marín de López Malo, o sea su hija, el terreno que daba a su excuñada, se lo vendió al Dr. Arturo F. Marín, que se prestó para que, mediante esa venta, la afortunada de dicho terreno sea su otra hija Ruth Rivera. Bien podía el Sr. Rivera haberse evitado la molestia de testar a todas estas personas y únicamente hacerlo para sus 2 hijas.

Respecto al fideicomiso en donde dona en vida su propiedad de la pirámide y la casa de su ex esposa Frida Kahlo, además su colección de ídolos que durante años coleccionó, está hecho en la siguiente forma:

Al morir mi hermana Frida en el año de 1954, vino el Sr. Rivera a verme para decirme que en vista de que en el testamento de mi hermana Frida me dejaba una casa en Insurgentes, la cual ya se había vendido, yo tenía que ir al Juzgado a testimoniar que se había vendido, cosa que yo

acepte pues pensaba que era legal conmigo dado el caso que yo durante 20 años estuve cerca tanto de mi querida hermana como de él trabajándoles en todo cuanto pude más sabiendo que mi hermana era una enferma que no podía valerse ella sola y yo tenía salud, quise ayudarles en todo lo que creí prudente y además a él personalmente, así es que fui su enfermera, su secretaria, su cocinera, su chofer y pense que nunca haría conmigo una cosa deshonesta. Pero llegando al juzgado de Coyoacán Diego venía acompañado de su hija Lupe, que es abogada, y así acepté ir al juzgado de Coyoacán. Era un sábado y sí me di cuenta de que el Sr. Juez de ese juzgado no estaba, únicamente su Secretario. También noté que no se me leía ningún testamento, cosa que el Secretario le hizo notar a la Abogada Rivera, pero ésta contestó que no era necesario y leyó un escrito que ya llevaba ella; lo leyó muy de prisa, y yo, como hacía apenas 3 días de que desgraciadamente había perdido a mi querida hermana, que casi la quería como a una hija, no me di cuenta de lo que ella leía, quizá por mi pena interior y le pregunté a Diego, Diego, tengo que firmar esto? Él me respondió, Sí hermanita, firma, y así lo hice.

Después supe que no había firmado lo que ellos me habían dicho, sino un papel donde él era Albacea Universal.

Al salir del Juzgado sí noté que su hija lo abrazaba y le decía que había sido un éxito, ya que la cosa no era correcta. Llegamos a la casa de mi difunta hermana y estaban ahí Teresa Provenza y Elena Vázquez Gómez, a las que abrazó también y repitió muy contenta la Licenciada su éxito obtenido.

Entonces Diego le dijo: ya que Cristina firmó creo que debemos darle el terreno de Coyoacán. Aceptamos eso y yo me fui a mi casa.

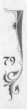

Nunca más volví a verlo pues comprendí que era una porquería la que me habían hecho. De la casa de mi hermana, donde había yo pasado más de 20 años, no se me ofreció ni siquiera un recuerdo de ella.

Pasó el tiempo y supe que Diego tenía un cáncer y se iba a Rusia a curarse. Como yo sabía que el apoderado de Diego era el licenciado Bassols, me dirigí a él para suplicarle que ya que Diego había donado esa casa al Banco de México, por lo menos se me permitiera que en su presencia destruyera los papeles personales de mi hermana, ya que ella siempre me había pedido que no permitiera yo que manos extrañas tocaran sus cosas personales. Yo no pedía dinero ni objetos de valor, solamente que, como digo, los papeles personales se destruyeran.

Hermanas Kahlo Calderón, Adriana y Matilde, su padre y doña Isabel, la abuela de Frida.

El Lic. Bassols me llevó a la casa de mi hermana, y la Sra. Teresa Provenza que era secretaria del propio Diego, y yo les mostré las cartas que quería se destruyeran. El Lic. Bassols me prometió que él lo haría, cosa que nunca hizo.

Pasaron dos años más y vino la muerte de Diego.

Al mes de muerto Diego vino a verme la Sra. Dolores Olmedo de Philip para decirme que necesitaba una firma mía para legalizar el Fideicomiso, después se presentó el Dr. Cuarón que tengo entendido es el director de dicho fideicomiso, y yo les dije que se dirigieran al Lic. Bassols, para que él me explicara qué es lo que yo tenía que firmar, ya que yo no entiendo de términos legales.

A los dos días vino el propio Lic. Bassols a mi casa y yo le pedí que me explicara de qué se trataba. Él me explicó que como mi hermana Frida, en su segundo matrimonio con Diego, pues ella se casó por lo civil con Diego primero, con bienes separados, y después se divorció de él y volvieron a casarse en el año de 1940, en San Francisco, con bienes comunes; y solamente había testado la casa de Londres y Allende en Coyoacán, o sea la casa que mis padres construyeron, pero que era de mi hermana Frida. De los demás bienes, contados desde 1940, de Diego, la mitad pertenecía a Frida y en vista de no haber testado, nos correspondía una parte a mi hermana Adriana y a mis dos medias hermanas, Luisa y Margarita, y a mí.

El Güerito Veraza, Frida, Isolda y Cristina.

Yo le supliqué que por escrito me explicara hasta dónde era lo que nos correspondía para en esa forma explicarles a mis hermanas.

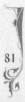

Volvió después de una semana el Lic. Bassols, y después de decirme que no tuviera ninguna esperanza, porque la casa de mis padres ya era del Banco de México; la pirámide de Diego era también del Banco; la colección de piezas arqueológicas también era del Banco, y lo que pudiera faltar de la casa de mi hermana, ya se lo habían robado; que lo único que había podido conseguir, dado que las hijas de Diego no querían dar dinero, eran $ 40.000, de los cuales 6.500 eran para mi media hermana Margarita Kahlo; 6.500 para Luisa; 13.500 para Adriana, y 13.500 para mí.

Como eso era en términos, si quería cohecharme no acepté, pues creo que yo no me vendo, sabiendo que todo está fincado en bases falsas y que el señor Lic.

Carta inconclusa.

Facsímil de la página 1 - segunda carta del diario de Cristina Kahlo

3- su ex mujer casada por la Iglesia
con el unicamente Lupe Marín a
Arturo Arambura a Doña María
Rivera hermana única de Diego -
a Luisa Kahlo, ya a Manuel Martínez su ayudante, a 2 albañiles -
y a su ex cuñada liKahlo.
a qué copiaré exacto el testamento-
De dicho testamento resultan unicamente penficiadas su ex mujer
y sus dos hijas pues de los terrenos
que dejita a las siguientes personas
el que dah a su hermana Mari

y a la Sra Luisa Kahlo se los vendió
antes de morir al Po.b. que despué
este vendió a Lupe Marín de López Md
o sea su hija, el terreno que dah
a su ex cuñada se lo vendió al
Dr Arturo † Marín que se prestó pa
que mediante esa renta la afortunada de dicho terreno sea su otra
hija Ruth Rivera. Bien podía el Sr.
Rivera haberse evitado la molestia
de testar a todas estas personas
y unicamente hacerlo pan sus
2 hijas.
Respecto al fideicomiso en dond
dona en vida su propiedad de

Facsímil de las páginas 2 y 3 - segunda carta del diario de Cristina Kahlo

la pirámide y la casa de su
ex esposa Frida Kahlo además su
colección de ídolos que durante
años coleccionó está hecho en la
siguiente forma:—

Al morir mi hermana Frida en
el año de 1954 vino el Sr Rivera
a verme para decirme que en
vista de que en el testamento de mi
hermana Frida me dejaba una
casa en Insurgentes la cual
ya se había vendido yo tenía
que ir al Juzgado a testimoniar que se había vendido cosa

que yo acepté pues pensé to que
era legal con migo dado el caso
que yo durante 20 años estuve
cerca tanto de mi querida hermana
como de él hablándoles en todo
cuanto pude más sabiendo que
mi hermana era una enferma
que no podía valerse ella sola
y yo tenía salud, quise ayudarla
en todo lo que creá prudente y
además a él personalmente, así
es que fuí su enfermera, su secretaria, su cocinera, su chofer y
pensé que nunca había en

Facsímil de las páginas 4 y 5 - segunda carta del diario de Cristina Kahlo

migo una cosa deshonesta. ~~Pero~~
~~llegando al juzgado de Coyoacán~~

Diego venía acompañado de
su hija Lupe que es abogada.
y así acepté ir al juzgado de
Coyoacán. Era un sábado y así
me di cuenta de que el Sr. Juez
de ese juzgado no estaba únicamente su secretario, también, noté
que no se me leía ningún
testamento cosa que el Secretario
le hizo notar a la Abogada Rivera
pero esta contestó que no era
necesario y ~~pegó~~ un escrito

que yo llevaba, ella, lo leyó muy
de prisa, y yo como hacía apenas
3 días de que desgraciadamente
había perdido a mi querida herman
que casi la quería como a una hij
no ~~sí~~ me di cuenta de lo que
ella leía quizá por mi pena
interior y le pregunté a Diego.
Diego tengo que firmar esto?
el me respondió Sí hermanita
firma y así lo hice.
Después supe que no había
firmado lo que ellos me habían
dicho sino un papel donde

Facsímil de las páginas 6 y 7 - segunda carta del diario de Cristina Kahlo

el era Altasía Universal —

Al salir del juzgado sí noté
que su hijo lo abrazaba y le
decía que había sido un éxito
ya que la cosa no era correcta
llegamos a la casa de mi difunta
hermana y estaba ahí Teresa Proenza
Elena Vázquez Gómez — a las que abrazó
también y repitió muy contento la
Licenciada su éxito obtenido.

Entonces Diego le dijo yo que
Cristina firmó creo que debemos
darle el terreno de Coyoacán
aceptamos eso y yo me fui a mi

casa. Nunca más volví a
verlo pues comprendí que era
una porquería la que me habían
hecho. De la casa de mi hermana
donde había yo pasado más de
20 años no se me ofreció ni
siquiera un recuerdo de ella.

Pasé el tiempo y supe
que Diego tenía un cáncer y
se iba a Rusia a curarse.
Como yo sabía que el apoderado de Diego era el Lic
Bassols me dirigí a él San

Facsímil de las páginas 8 y 9 - segunda carta del diario de Cristina Kahlo

suplicarle que ya que Diego
había donado esa casa al
Banco de México por lo menos
se me permitiera que en su
presencia destruyera los papeles
personales de mi hermana ya que
ella ~~el ~~ siempre me había
pedido que no permitiera yo que
manos extrañas tocaran sus cosas
personales, yo no pedía dinero ni
~~objetos~~ de valor solamente que como
digo los papeles personales se
destruyeran. El Lic. Bassols

me llevó a la casa de mi hermana
y la Srita. teres. Proenza que era
Secretaria del propio Diego y yo le
mostré las cartas que quería se
destruyeran el Lic. Bassols me
prometió que él lo haría cosa
que nunca hizo.
Pasaron ~~dos~~ años más y
vino la muerte de Diego.
Al mes de muerto Diego vino
a verme la Sra. Dolores Olmedo
de Phillips para decirme que
necesitaba una firma mía para
legalizar ~~el fideicomiso de casa~~

Facsímil de las páginas 10 y 11 - segunda carta del diario de Cristina Kahlo

el fideicomiso, despues se presentó
el Dr Guarro que tengo entendido
es el Director de dicho fideicomiso.
y yo les dije que se dirigieran
al Lic Bassols para que el me
explicara que es lo que yo tenia
que firmar ya que yo no entiendo
de terminos legales.

A los dos dias vino el propio
Lic Bassols a mi casa y yo le
pedí que me explicara de
que se trataba, él me explicó
que como mi hermana Frida

en su segundo matrimonio con
Diego pues ella se casó por lo civil
con Diego primero con vienes separados
y despues se divorció de el y volvió
a casarse en el año de 1940 en
San Francisco con vienes comunes
y solamente había testado la casa
de Londres y Allende en Coyoacan
o sea la casa que mi Padres construyeron pero que era de mi hermana
Frida de los demas vienes contaba
desde 1940, de Diego la mitad
pertenecia a Frida y en vista
de no haber testado nos corespon-
dia una parte a mi hermana

Facsímil de las páginas 12 y 13 - segunda carta del diario de Cristina Kahlo

Adriana y mis dos medias hermanas
Luisa y Margarita y a mí —

Yo le supliqué que por
escrito me explicara hasta donde
era ~~eso~~ lo que nos correspondía
para en esa forma explicarle a
mis hermanas.

Volvió después de una semana
el Lic Bassols y después de decirme
que no tuviéramos ninguna esperanza
porque la casa de mis padres ya
era del Banco de México la Pirámide de Diego era ~~también~~ del Banco

la colección de piezas arqueológicas
también era del Banco ~~ya~~ y lo que
pudiera faltar de la casa de mis
hermanas ~~ya~~ se lo hubieran robado
que lo único que había podido
conseguir dado que las hijas de
Diego no querían dar dinero eran
40,000 de los cuales 6.500 eran para
mi media hermana Margarita Kahlo
6,500 para Luisa, 13,500 para Adriana
y 13,500 para mí.

Como eso era en términos
si quería cocharme no acepté

Facsímil de las páginas 14 y 15 - segunda carta del diario de Cristina Kahlo

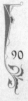

Facsímil de la página 16, inconclusa - segunda carta del diario de Cristina Kahlo

El árbol, el tronco y sus ramas

Ya comenté que los caracteres de las hermanas Kahlo Calderón fueron muy distintos. Mis tías Adriana y Matilde fueron muy católicas, acordes con lo que mi abuelita Matilde les enseñó; su fe era auténtica y sincera. Aunque Frida y Cristina eran muy diferentes a sus hermanas mayores, tampoco sería justo afirmar que mis tías Adriana y Matilde eran «gente mocha». La actitud de mi tía Frida no respondía a una personalidad falsa ni a una pose convencional para llamar la atención. Unas creían sinceramente en Dios, y Frida no creía en Él, al menos eso decía. Lo cierto es que en toda persona existen matices y claroscuros que van definiendo su carácter y personalidad, y eso era particularmente cierto en alguien tan complejo como mi tía.

Por ejemplo, Frida propuso como mi padrino de bodas al novio que ella había tenido durante sus años en la Escuela Nacional Preparatoria, Alejandro Gómez Arias. Ella, que aceptó no casarse con Diego Rivera por la iglesia, respetó mi decisión contraria y hasta contribuyó sugiriendo que aquel amigo de ella me apadrinara.

Existe otro detalle interesante que a ojos de mucha gente podría resultar contradictorio; a mi mamá y a mí nos resultaba gracioso. Cuando Frida se sentía realmente mal, o cuando le anunciaban que requería otra intervención quirúrgica, y más aún, cuando ya la iban a meter al quirófano, imploraba con sincera contrición: «¡Ay, Dios mío!, pues no hay más que Dios para mí también. Que a mí no me digan nada. Puedo hacer lo que quieran, pero yo creo en Dios». ¡Imagínense la escena, Diego escuchándola! A mí me daba pena por lo que ella iba a sufrir, pero al mismo tiempo me provocaba un poco de risa escucharla.

Madres no realizadas

Como señalé anteriormente, yo tuve tres tías: Matilde, Adriana y Frida, y dos más del primer matrimonio de mi abuelito Guillermo, María Luisa y Margarita. Al parecer mi tía Adriana logró embarazarse pero como era exageradamente limpia —insistía en trapear las azoteas— un día, al estar moviendo una maceta para barrer debajo de ella, el esfuerzo provocó que perdiera el bebé. A partir de ese incidente ya no volvió a encargar familia.

Mi tía Adriana se casó con Alberto Veraza, «El Güerito», como le decíamos, quien ya había estado casado en previas nupcias. De ese primer matrimonio, el Güerito llevó a su hijo Carlos Veraza Uthoff a vivir con su nueva esposa, mi tía Adriana.

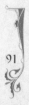

Ella lo quiso, lo trató y educó como si fuera su hijo. Y aunque la posición económica de mis tíos fue buena, él pagó con sus propios recursos su carrera de ingeniero mecánico electricista. Carlitos rebosaba inteligencia; fue uno de los primeros introductores del aire acondicionado en México.

Entre la cruz y el mitin

La convivencia y la unión familiar

Durante la época de Navidad, en algún diciembre, a mis tías se les ocurrió organizar una posada a todo lo largo de la calle de Londres, en Coyoacán. Mi mamá fue elegida para representar a la Virgen María, y salió montada en un burro, el mismo que nos prestaban para ir a la escuela. Mi hermano Toño y yo nos subíamos a la azotea a admirar a mi madre, diligentemente acompañada por el Güerito Veraza disfrazado de San José, y a muchos vecinos ataviados como peregrinos. Todo el cortejo pedía posada de casa en casa y cada quien iba cargando una vela encendida. Como mi mamá era tan bonita, a mí me parecía una verdadera imagen de altar. Las niñas, mucho más que los niños, atesoramos esos pequeños detalles de nuestra familia entre los recuerdos más preciados.

Mi tía Matilde Kahlo de Hernández, tuvo un esposo muy trabajador. Él fue propietario del almacén «Casimires de México», entonces una tienda famosa.

De las medias hermanas, Ma. Luisa y Margarita Kalo Cárdena, sé poco. Una, aparece nombrada entre los herederos de mi tío Diego; la otra fue monja. Mi mamá las visitaba con frecuencia, o ellas acudían a nuestra casa a comer.

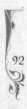

Respetar sin conceder

A estas alturas de la narración alguien se habrá preguntado cómo se llevaban las hermanas Matilde y Adriana con Diego y Frida, siendo tan distintos unos de otros. Intenten imaginar que en su familia hubiera personas que no creen en Dios y otras muy creyentes, y que los ateos no tuvieran empacho en decir, criticar y censurar todo aquello que implicara una renuncia de la razón, una claudicación de la inteligencia del ser humano, en favor de cualquier credo religioso. ¡Pobres de ellos! Yo me salvé parcialmente de contaminaciones ateísticas en virtud de que mi vida se repartía entre ambas corrientes, católicos de hueso colorado y comunistas de rojo corazón. Pero de una u otra forma todos colorados. Por fortuna había periodos en que nadie del ala liberal de la Casa Azul atacaba mis creencias.

Ya con el tiempo, Diego y Frida parecen haber decidido que hablar de política o de religión con mis tías mayores era una pérdida de tiempo, y la convivencia se convirtió en algo mucho más neutral.

Mis tías y sus esposos eran muy bienvenidos en la Casa Azul a la hora que quisieran. De hecho mi tía Frida iba con frecuencia a visitar a sus hermanas, sea porque se le antojara verlas o porque necesitara comentar con ellas, o solicitar algún favor interesante o interesado. Cuando Frida estaba enferma, las hermanas la asistían y cuidaban para que nada le faltara. Sin embargo, la verdad es que ese trabajo le tocó mayormente a mi madre. Cristina terminó siendo una madre sustituta para su hermana Frida.

Volviendo a las cuestiones de fe, antes expuestas, a veces me he preguntado si Frida en verdad dejó de creer en Dios. Yo creo que no, que sí creyó siempre, pero para ella complacer a Diego fue prioritario. Y pienso que estaba en lo correcto, pues era su marido, y el marido es lo primero que una mujer debe comprender. Así fue ella, mujer de recovecos. Ante los problemas no le pedía a Dios que se los resolviera milagrosamente, pues también creyó devotamente en la fuerza del ser humano: Su estilo era «ayúdate a ti mismo» y después, si quieres, reza. A mi me costó mucho trabajo entenderla por la influencia de mi tía Matilde, que en aquel ambiente hacía un gran contrapeso. Ella se ubicaba, como se dice, en el otro lado de la luna. Y peor aún fue mi tía Margarita.

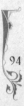

La vida callada...
Dadora de mundos.
Venados heridos
Ropas de tehuana
Rayos, penas, Soles
ritmos escondidos
«La niña Mariana»
frutos ya muy vivos.
la muerte se aleja,
líneas, formas, nidos.
las manos construyen
los ojos abiertos
los Diegos sentidos
lágrimas enteras
todas son muy claras
Cósmicas verdades
que viven sin ruidos

Árbol de la Esperanza
mantente firme.

Diario Frida, después de su exposición.
1952

IV

MI TÍA FRIDA

al vez, el primer destello que tengo en la memoria acerca de Frida Kahlo, viene de mis cuatro años, cuando por alguna razón me sentí muy sola en la Casa Azul de Coyoacán. Al invadirme el miedo, corrí por el pasillo llorando. La primera persona a quien encontré fue a ella. La abracé y le dije: "Tía Fisita, tengo mucho miedo". «¿Qué tienes mamacita?», me preguntó llena de ternura, tranquilizándome y sentándome en sus piernas. Al acariciar mi cabello me sentí invadida por una confortable sensación de paz, la misma que me hace recordar ahora aquel cuadro en donde se pintó a sí misma dormida: «Para que te acuerdes de mí, Isoldita», suspiró. Aquella casa me parecía entonces, como hoy, enorme. Por ello, ya no voy a la Casa Azul; aquel temor de sentirme sola es una realidad y no habrá quien lance sus manos como alas para cubrirme; esa casa parece más grande y triste sin ella, aunque sea un gran museo que guarda su memoria. Alguna vez comprenderán que las casas conservan sus murmullos, sus sonidos y su propia energía. Yo no olvido.

Otro recuerdo de mi tía Frida, habla de su carácter solidario y su espíritu de responsabilidades compartidas, desde el día en que mi mamá Cristina se separó de mi padre. Ella, para podernos mantener, aceptó la propuesta de laborar como una mano insustituible en la vida de su hermana; lo mismo fungió como

secretaria, que como chofer, enfermera o dama de compañía. Inclusive, cuando el servicio llegó a escasear, procuraba que nada faltara en la casa. Cristina acercaba lo necesario para que mis tíos cumplieran con sus múltiples compromisos y al mismo tiempo, cumplió a cabalidad con sus deberes de madre, porque mi hermano y yo éramos aún muy pequeños. En realidad mi madre fue una mujer increíble y la mejor hermana que pudo tener Frida para apoyarse y confiarle todo aquello que, por ser secreto o consecuencia de sus males, Frida no era capaz de realizar, situación que se agravó conforme fueron pasando los años y su vida se complicaba en mayores asuntos. Imagínense ustedes ese gran escenario: En algunos libros se habla de que Frida sufrió 14 operaciones, pero yo recuerdo alrededor de 24 ó 25 entre el pie, la espina y la cadera. ¡Antes digan que pintó y que llegó a ser quien fue! Además, casada con un hombre tan especial como fue Diego Rivera.

El corazón de Frida Kahlo no es un libro fácil de digerir para quienes son extraños a lo que fue la Casa Azul. Tampoco era fácil que mi tía Frida abriera las puertas de su vida íntima a cualquiera. Tal vez por esa razón no han

Las hermanas, Cristina y Frida.

faltado autores malintencionados o personajes que poco la conocieron, que han externado, escrito y publicado comentarios tendenciosos o negativos acerca de la conducta o reacciones de mi tía, de sus gustos e intereses; es difícil escapar a los malos entendidos cuando se es famoso y peor aún, cuando se ha

cruzado ya la frontera de la inmortalidad. Pero si buscan una prueba de la integridad de mi tía Frida como mujer, basta ver la devoción y el amor profesado por ella a Diego, y la total entrega a su vida, su carrera, sus sueños e ideales, sin renunciar por ello a ser ella misma. Muy aparte de todo lo anterior, está la confianza que me inspiraba.

A Frida podía hablársele de todo, así como ella también nos concedía el tesoro de su sinceridad —repito— no siempre muy bien entendida. Frida Kahlo fue una mujer espontánea que no se andaba con tapujos ni rodeos, en todo lo que creía o pensaba. Por eso mi mamá de vez en cuando tenía que decirle: «Pues, bájale tantito», ¿no? Pero de otra manera, no dicho así, tan directo. Por ejemplo, le pedía: «Oye Frida, háblale con calma a mi hija porque está muy chica». Y era cierto, estaba demasiado joven como para entender tanta complejidad y tan variados problemas, o el por qué de una u otra decisión. En algunas ocasiones los temas tratados entre nosotras fueron fuertes; cuestiones muy duras que ella platicaba quizás con el fin de desahogarse. Muchas veces yo la escuché sin responder; me quedaba fría, quieta y hasta medio impactada. Sin embargo, esa manera tan suya de tratarme, de igual a igual, me dio en Frida a una interlocutora excepcional. Ella fue para muchas personas la mejor confidente y amiga, porque a nadie juzgaba y todo trató de entenderlo, a partir de las motivaciones del otro.

Desde pequeña, sentí confianza absoluta para apoyarme en mi familia, sea cual fuere la índole de los problemas que se me presentaran. Ya he narrado aquel incidente en el Colegio Madrid, cuando una niña me insultó llamándome «pinche mexicana». Mucho agradecería que intentaran comprender mi estado de ánimo y mis frustraciones. Los incidentes no provenían de mi persona, sino del hecho de ser quien era: Una Kahlo. Si no

hubiera sabido que contaba con todo el apoyo de la familia, jamás me hubiera atrevido a responder como lo hice: «¿Pinche? ¡Tu madre! «Tenía muy poquitos años, no me acuerdo de la fecha exacta. Pero lo más interesante de destacar es que, viviendo en aquel ambiente, a tan corta edad, yo sabía cómo defenderme, aunque esta defensa tenía sus límites, como verán.

Tanto Diego como mi tía, me aconsejaban: «Tú nunca te dejes de los extranjeros, déjate de un indio y enséñalo, si es que hay algo qué corregirle. Pregúntale qué pasa, aclara las cosas, pero con nuestra gente indígena; pero no te dejes de cualquier extranjero que viene a comer de México, a ganar dinero, a levantar fortunas con el trabajo de nosotros; de ellos no te dejes nunca porque no tienen derecho a hablar mal de México ni de los mexicanos». Una, como niña, se queda con esas palabras muy bien

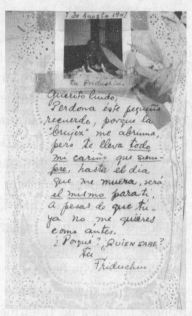

Mensaje de Frida a un amigo íntimo.

grabadas en la memoria. Tomé nota y nunca me dejé humillar. Lo malo es que en la infancia corre uno el riesgo de irse a los extremos, como yo, que llegué a los golpes en la defensa de mi familia, mi raza y mi país. Eso veía, eso mismo hacía.

Últimamente he cambiado. Ya no quiero pelear, aunque sigo enojándome cuando hablan tonterías o falacias acerca de mis tíos. Aclaro de nuevo, ése fue el ambiente en el que crecí. Yo quería muchísimo a Diego y en la escuela no faltaba quien buscara incomodarnos a mi hermano o a mí diciéndonos que mi

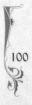

tío pintaba monos, era un señor panzón y un hablador. ¡Cómo iba a aguantarme! De mi tía Frida llegaron a comentarme que era una pobre inválida. La verdad, aquellas expresiones me llenaban de cólera. ¿Inválida?, pensaba, ¿con tantas operaciones y haciendo todo lo que hace? Ya quisiera yo que cualquiera de nosotros llevara su cruz con la alegría y el amor con que ella lo hizo, además, sin olvidarse de practicar la caridad con los demás. Porque Frida Kahlo ayudó a manos llenas y sin llevar cuentas.

Para quienes tuvimos la suerte de compartir nuestra vida con la de Frida, era un gusto verla ir y venir de un lado al otro limpiando su casa o su estudio, o arreglándose para que nunca la encontraran fea o abandonada en su persona; estar al tanto de los marcos que el carpintero entregaba, de sus cuadros y de los objetos personales de Diego, su marido. Además, pude palpar con mi corazón de mujer joven el amor que se tuvo a sí misma, ejemplarmente mostrado en su arreglo y en la obediencia a las recomendaciones de sus médicos. Ella estaba siempre alegre, impecable, cariñosa, coqueta y dispuesta a recibir con un inmenso amor a sus amigos y a sus doctores. Yo pregunto: ¿Es ésta la condición de una mujer inválida que no desea curarse, como se ha escrito por ahí?

Como puede apreciarse en sus cuadros y retratos, ella era una mujer de belleza muy especial y natural. No le gustaba maquillarse. Sólo utilizaba un poco de labial y acaso otro tanto de colorete en las mejillas, pero nada más. En su recámara o en su baño, no recuerdo haber visto ni afeites, ni cremas para las arrugas, u otras cosas que muchas mujeres suelen usar. Por cierto, si algo le daba mucha risa eran las mujeres encopetadas y burguesas, en el sentido de que «piensan pobremente». Deduzco que la alegría fue su mejor antídoto contra las marcas que va dejando la vejez sobre el rostro. Yo creo que estas actitudes tan

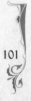

positivas frente al destino, por adverso que éste fuera, lograron hacer de Frida una mujer que inspiraba mucha seguridad y mucho amor.

Frida cuidaba con esmero su cabellera. Nadie, excepto mi mamá —que yo recuerde— se la cortaba. Nada más le hacía un despuntado de vez en cuando para que su pelo se conservara sano y siguiera creciendo. Antes que nada, al despertar Frida se ocupaba de peinar su pelo negrísimo en trenzas entretejidas con listones de colores, haciendo juego con el vestido elegido para ese día, las mismas que acomodaba sobre su cabeza de diferentes maneras hasta lograr la forma que antes había imaginado. Hasta en ese detalle ejercía ella su creatividad. Sin embargo, el cabello también llegó a ser un instrumento de venganza y de reparo, en contra de las correrías que hicieron famoso a Diego; cada vez que se enteraba del comienzo de una nueva aventura, ella cortaba su pelo y se hacía un retrato. De esa manera no se podía olvidar el «incidente».

Si la vida está manifiesta en todos esos pequeños detalles y va más allá de los rasgos sobresalientes de la personalidad, cómo pasar por alto las infidencias cometidas contra sus actos, ¿Cómo hubiera podido lograr esta ecuanimidad cuando era niña? Los defendía con pasión, aunque, claro, ninguno de los dos requería de mis aspavientos infantiles, pues ambos se sobraban en argumentos y armas para defenderse solos. Frida no necesitaba de nadie, y mucho menos de las arremetidas de una

Nueva York, abril de 1933.
Fotografía de Lucienne Bloch.

mocosa furibunda, pero agradecía mis palabras con una sonrisa de satisfacción. Siempre fue una mujer muy inteligente, y muy astuta para utilizar el lenguaje como su mejor defensa. Que alguien no le cayera mal, porque donde ponía el ojo disparaba el adjetivo, y siempre daba en el blanco.

Para referirme a la alegría de vivir que emanaba toda aquella compleja personalidad, hay que entrar aún más en los detalles. Además de pintar, que era su segunda pasión —la primera fue su marido—, realizaba las tareas diarias siempre cantando o chiflando. ¡Ah, mi tía cantaba mucho! Eso sí, canciones muy groseras que nos hacían reír de buena gana; por supuesto que todas las aprendí. Y si alguien la reprendía por cantar «esas vulgaridades» enfrente de los niños, se defendía y aleccionaba a la parvada de menores presentes: «No tengan miedo ni vergüenza de cantar estas cosas, porque son verdades. ¡Verdades que sabe el pueblo!». Una de aquellas tonadas, me acuerdo, era el famoso «Maldito a huevo», que decía más o menos así: «Por ti lo digo, maldito a huevo, que si te picas, pa' luego luego». También la recuerdo cantando otra: «Y dale vuelo a la hilacha»: «De su pistola me gusta, de su pistola la cacha, préstemela usted un momento pa´ darle vuelo a la hilacha». Oyendo cosas así crecí, y me acostumbré a ser brava, también con las palabras. Pero no vayan a creer que entonces alguien podría tomar a mal lo que Frida hablaba entre las cuatro paredes de su casa. Ella era incapaz de ofender a nadie, ni con canciones. Frida no enviaba mensajes indirectos; se pasaba de franca. Fue así, espontánea y tomaba la vida con mucha naturalidad. Esa es la Frida alegre que yo quisiera presentarles.

Recuerdo que la gente en la calle o en el mercado, la procuraba y la quería mucho; en general, todo el pueblo de Coyoacán tenía algo que ver con la princesa mexicana que

habitaba la Casa Azul y con el «caraesapo», su revoltoso y cambiante marido. Una viejita que le vendía flores —contaba mi mamá— siempre se alegraba cuando veía venir a mi tía cargando su canasta, porque le daba algunas monedas de más. En cambio, decía la anciana, «el señor Diego es bien agarrado». Para mí resultaba increíblemente grato cómo procuraban a mi tía; pero también me divertía mucho cuando sucedía lo contrario con mi tío, porque —según estuviera su humor ese día— llegaba echando voces, o se anunciaba al llegar con malas palabras y exigiendo: «¡Ábranme la puerta!». Como ya era entonces «el señor Rivera», es decir, un figurón famoso, pues había que aguantarle algunas de las características que distinguen a los artistas de genio. Frida lo explicaba con toda naturalidad, lo entendía muy bien y no hacía mucho caso, ni se amargaba con sus desplantes cotidianos, que se iban tan rápido como llegaban. Bromeaba con él y, al rato, Diego ni se acordaba por qué había llegado molesto, o contra quién era el coraje.

Ni mi madre ni Frida fueron mujeres que se dejaran entristecer por los hechos naturales de la vida. Cristina Kahlo gustaba de bailar y Frida, de ver bailar a los demás. Siempre le encontraban a las reuniones el lado más entretenido. Frida tuvo la gracia de cultivar su gozo a través de la felicidad ajena. Creo que, de haber tenido sanas las piernas y su columna, el baile hubiera sido una de sus aficiones favoritas; porque cuando se sentía enferma, una de sus distracciones era pedir a los presentes que bailáramos para ella. Por ejemplo, solía pedírselo a la misma María Félix, quien acudía a la casa para hacerle la visita, para descansar de la fama y ser auténticamente ella, o sacar a Frida de una previsible depresión. Ambas eran terribles damas. La compañía constante de sus queridos y queridas amigas, fue otra arma utilizada por Fridita cuando sentía que la alegría amenazaba con ausentarse de su casa o de su alma sensible; si se sentía decaer,

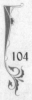

de inmediato recurría a los amigos que hacían el milagro de hacerla olvidar sus dolores.

Casi todas las mujeres somos vanidosas y mi tía Frida no era la excepción. Aunque todo podía convertirlo en un chiste sólo con proponérselo, nunca le gustó celebrar sus cumpleaños. Decía que esas celebraciones eran «una sangronada». A mí me daba risa, porque ya me había explicado mi mamá Cristina que Frida se quitaba tres años, con el pretexto de aparecer ante la historia como «hija de la Revolución Mexicana». Por eso en aquella casa, en donde se podía hablar de todo sin condenarse, el tema de la edad se cocinaba aparte. «Esas son sangronadas», repetía. «Qué te importa si tienes 20 años menos o uno; si eres bruta, bruta te quedas y si eres inteligente, inteligente te vas a morir». Así, con alegatos por el estilo, no exentos de razón, se quitaba de encima cualquier pregunta que le incomodara. Era muy ingeniosa.

Celosa, lo que se dice furiosa en contra de alguna mujer, nunca la vi. Crecí creyendo que la única artista que realmente provocó cierta inquietud en mi tía Frida, fue precisamente María Félix, sólo que ahora ya no estoy tan segura, quizás haya sido Paulette Goddard, pero de ella también se hizo amiga. Recuerdo a María posando para mi tío. Era una mujer sumamente ingeniosa, hermosa y sensual, y me causaba mucha gracia que Frida hiciera muecas de disgusto a sus espaldas, cuando ella se descuidaba, en los días aquellos cuando posó para Rivera y ambos ordenaron que «no se les molestara», pero sólo en esa época. Siempre fueron grandes amigas.

La amabilidad de Frida no se quedó sólo en la calle o en las relaciones de amistad o de trabajo. El trato con los ayudas de casa a veces resulta difícil, y más cuando la relación se prolonga por años, como fue el caso de casi todos los que trabajaban en

la Casa Azul. Entre las personas que ayudaron a mis tíos a lo largo de su vida, todavía vive un hombre muy querido por ellos que se llama Jesús, «Chucho» le decían; un mozo muy fuerte que conoció a mis tías desde que eran jovencitas. Chucho se quedó al lado de mi tía Frida hasta su muerte. La adoraba. Al final de su enfermedad, cuando ya no podía moverse y mi tío Diego no lograba encontrar una enfermera para cuidarla, él se hizo cargo de todo, hasta de su aseo personal. Recuerdo con qué ternura la llevaba cargando hasta la tina, la bañaba, la vestía y se quedaba platicando hasta que ella se quedaba dormida o se tranquilizaba. Jesús todavía viene a verme y, cuando eso sucede, recordamos y también lloramos evocando escenas mutuas. Con Chucho, Frida se tomaba de vez en cuando sus tequilitas. Siempre había mucha gente en la casa de los Rivera-Kahlo; conocimos y tratamos a personas bellísimas, interesantes y de talento. Si mi tía no hubiera sido tan sencilla, ¿cómo hubiera podido generar tanto cariño a su alrededor?

En aquella casa, la servidumbre siempre nos trató con respeto. Junto con Chucho, vivía en la casa de Coyoacán «Crucita», o Cruz, que era la cocinera. Cuando llegaba de la escuela y mi mamá o mi tía no estaban por alguna cita que habían tenido que cumplir, o a causa de algún viaje, con mucho comedimiento Cruz me preguntaba: «¿Qué hago Isoldita?». Yo, jovencita y medio muerta de hambre, como suele pasar a esta edad, le respondía: «Pues párteme un pedazo de carne o danos de comer un trozo de pierna, ¡pero rápido! porque si llega mi tío Diego no nos va a alcanzar». Claro que alcanzaba, ¡pero a uno de niño se le ocurre cada cosa! Sin embargo, ahora recordando aquellas escenas, comprendo que tenía bases para recelar. Diego era un gigante, un hombrón que siempre llevó una dieta muy estricta. Crucita, mi tía o mi mamá le preparaban una cazuela muy grande con verduras y mucha carne, y él se sentaba a la mesa, literalmente, a devorarlo todo, o al menos así lo veíamos mi hermano y yo a nuestros cortos años. ¿Cómo no iba a ocurrírsenos que Diego, un día nos dejaría sin comer? Claro, esta comida con mucho chile la hacía una sola vez al día, por eso su alimentación era tan abundante.

En la Casa Azul se comía de todo, pero la especialidad era, claro, la comida mexicana, acompañada siempre con aguas frescas de frutas. Porque han de saber que mi tío se refería a la Coca Cola como «aguas negras del imperialismo» y ningún refresco se compraba en aquella casa. Ninguno de nosotros tuvo un sitio especial en la mesa, como se acostumbra entre algunas familias. Cada cual se sentaba conforme iba llegando, pero eso sí, comíamos todos a la misma hora. Mi tía se ponía un delantal muy limpio que la hacía ver alegre. Era como si pudiera convertirse en otra persona en cada ocasión. Si por alguna razón se necesitaba preparar algún platillo extra para integrar a alguna visita que llegara de improviso, mi mamá guisaba tortilla española con una variedad de carnes frías y papas, que era una delicia.

El muralista se prepara para conquistar la gran capital

Mi tía Frida también tuvo que hacer dietas por recomendación médica. Por principio, se cuidaba de no subir de peso, pues había que estar atenta a que la pierna enferma no padeciera dolores cargando excesos. Pero el cuidado estaba sólo en las cantidades; en general comía como nosotros, de todo. Uno de sus platillos preferidos fue el spaguetti. En cuanto a fruta, la volvían loca las jícamas con chile piquín y limón. Y eso que ella no fue muy afecta al picante, pero tratándose de jícamas, no le importaba enchilarse de lo lindo. Ése fue un antojo que se regalaba con frecuencia.

Por muchos años los médicos que atendieron a mi tía Frida la obligaron a llevar una dieta especial, supuestamente para aliviar sus padecimientos, hasta que llegó un doctor de apellido Carbajosa que le sugirió comer lo que quisiera y así lo hizo. No le fue nada bien. De este detalle salió la idea de pintar el cuadro «Sin Esperanza» (1945) en el que Frida se burla de las recomendaciones del galeno pintándose en la cama y con un embudo en la boca. He aquí una muestra de que tampoco su humor era muy fácil de entender.

Una cosa que jamás dejó, pese a que se lo pedíamos con insistencia, fue el cigarrillo. Mi tía Frida fumaba mucho y también le gustaba echarse sus copas, a veces con las visitas, otras, sola y muchas más con Chucho, a quien también le gustaba el trago.

Amores y hombres

Hay temas que resultan más espinosos que otros, si he de entreabrir el ropero privado de mi tía Frida Kahlo, la mujer y la artista. Uno de ellos es precisamente el amor que despertaba entre todos los seres que la trataron. ¿Qué tanto aprendí del amor estando junto a ella, yo, pequeña o ya grandecita? La lección más importante y que apliqué a lo largo de mi vida fue: Hay que estar muy segura de lo que una quiere para defenderlo

muy bien después. Y me lo decía, así, abiertamente: «Tú defiende lo tuyo a capa y espada y cuida lo que el destino te regaló». Pero añadía, a guisa de sermón mal disfrazado de consejo: «Nada de que te enamoras de uno y crees que al casarte con él, ya la hiciste. No, enamórate de quien quieras, pero ten presente que lo tienes perdido, pues es imposible controlar a una segunda persona». Y tenía razón. A su manera, aceptó el destino amoroso que ella eligió libremente. No sé a ustedes qué les parezca esta filosofía. Para mí fue como entrar en contacto con las palabras de una mujer sabia, esté o no de acuerdo con ella, porque Frida pensaba exactamente como vivió. Ni en eso se traicionó a sí misma.

A mi tía Frida, casada o no con mi tío Diego, sí le atrajeron otros hombres, eso yo lo sé porque a veces, mirando a los amigos de Diego, mi tía me preguntaba: «¿Quién se te hace más guapo de estos hombres?» Al contestarle cuál era mi gusto, ella inquiría muy sonriente y satisfecha: «¿Verdad que me lo debo de conchavar?» Así, con esas palabras. «Es que está precioso», exclamaba y, acto seguido, se echaba a reír. Realmente nunca supe si estaba hablando en serio, o era otra de sus bromas para poner en guardia a quienes la rodeábamos. Hay que señalar otra de sus particularidades, el escándalo no le gustaba, pero le divertía muchísimo cobrarle a Diego pequeñas venganzas.

Le gustaron mucho, y siempre, los hombres apuestos e inteligentes. Por ello nunca podré aceptar lo que algunos autores y escritoras inventaron acerca de su bisexualidad.

No voy a negar que mi tía fue noviera pero, a diferencia de mucha gente, esos amores, ya convertidos en amistad, duraron toda la vida. Un ejemplo de esta afirmación, sin duda, don

Alejandro Gómez Arias, quien desde la Escuela Nacional Preparatoria fue, primero su amigo, después su enamorado y siempre su admirador y protector más ferviente. Ellos terminaron su relación sentimental antes de que mi tía se hiciera novia del entonces ya famoso muralista Diego Rivera.

Mi tío fue un hombre celoso, como ella. Las rabietas de Diego podían ser muy suaves, cómicas o alcanzar dimensiones insospechadas. Recuerdo que cuando venía Alejandro Gómez Arias a visitar a Frida, mi tío siempre repetía que ese hombre había sido su novio. Fruncía el seño, irrumpía casi teatralmente en la sala o en el comedor, donde estuvieran platicando, y me decía subiendo la voz para

Muray, Frida, Rosa Covarrubias y Cristina en el balcón de la casa de Coyoacán.

que se oyera: «Dile a este desgraciado que se largue». Yo ¿qué?, pensaba para mis adentros, pero no me atrevía ni a responder ni a obedecerlo. El pobre Alejandro también se ponía serio; no contestaba palabra, era finísimo, un verdadero caballero incapaz de molestar a nadie y, menos aún, de provocar a mi tío, a quien conocía muy bien. Además, Alejandro y ella siempre se quisieron mucho, acaso porque ambos fueron muy inteligentes y ese tipo de relaciones suelen durar toda la vida.

Mi mamá comentaba de Alejandro que, cuando era novio de mi tía, solía decirle que no se pusiera pantalones, porque se veía más bonita de falda. Alejandro era muy fino, nada que ver con Diego Rivera, encantado con aquella jovencita vestida de pantalones de mezclilla, miembro de las juventudes comunistas, que le había servido de modelo (1928) para retratar a los jóvenes dispuestos a dar al pueblo las armas para defenderse. Hay que intentar imaginarse estas cosas para analizar más correctamente los celos de mi tío. Por un lado estaba el hombre intelectual, por el otro, el político rabioso. El primero, convenciendo a «su Fridita» adolescente de regresar a las faldas porque le gustaba más verla vestida como «mujercita»; el segundo, enamorado de la imagen de la Frida fuerte. Yo no creo que mi tío sospechara en verdad de algo inconfesable en aquella relación de amigos. Pero que el tipo debió caerle mal en algunos momentos, eso ni duda cabe. Frida encendía hogueras.

Sin embargo, si intentara hacer una lista con los nombres de los enamorados de mi tía Frida, no acabaría, además de que a mí personalmente no me consta ninguno de los casos que se mencionan con frecuencia en sus biografías. ¿Para qué inventar, o repetir historias, si yo nada constaté?

De quien sí me acuerdo muy bien fue de un refugiado español guapísimo, llamado José Bartolí. Él me parecía un hombre sensible, inteligente, pintor de primera línea e ilustrador, por ejemplo, de la revista «La Capital». Mi tía le escribía bajo el seudónimo de «Mara» para que mi tío Diego no se diera cuenta. Tengo entendido que —temor aparte a los celos de mi tío— ellos vivieron un romance muy intenso. Este hombre afirmaba haber estado preso en dos campos de concentración, en Francia y Alemania. Había sufrido bastante, sin perder jamás su espíritu positivo. Un día vi una carta de mi tía dirigida a Ella Wolfe, la esposa del biógrafo de mi tío, a quien le tenía mucha confianza; en ésta le recomendaba guardar muy bien las cartas de «B»

111

(Bartolí), y no permitirles su desvío hacia manos ajenas. Él guardó con gran celo y durante muchos años, varios objetos obsequiados por ella: una talla de madera y un libro de poemas de Walt Whitman, dedicado por Frida.

Cuando me enamoré de un español, luego mi esposo, mi tía Frida se burlaba. Entre bromas y veras me retaba: «Por qué te casas con ese güey?. Isolda, no te cases con ese güey», y soltaba una carcajada. Recuerdo que estuve muy triste porque ella me había puesto como campeona cuando les avisé que me casaba con el novio que había elegido libremente, como recomendó mi tía, pero resultó no ser de su agrado. Le decía «güey» cada vez que se acordaba del tema. En el fondo, lo rechazado era su condición de español. «Cásate con un indio, con un mexicano, Isoldita». Un día, para terminar con ese juego, la enfrenté: «A ver tía, y ¿por qué tú no te casas con uno?» Poniendo cara muy seria me contestó: «¡Cómo no!, yo ya me casé con Diego y es de Guanajuato». Todos soltaron la risa. Entonces muy divertida añadió: «¡Cásate con un mexicano para que te ponga pareja!» Ya no me quedó más salida que reírme también. El resultado de tanta oposición fue que lo quise más. Bueno, ya saben cómo eran más o menos estas discusiones familiares en la Casa Azul, mientras convivimos.

Otra lección, legado de Frida: saber reconocer la importancia del dinero, para poder otorgarle su lugar entre las cosas útiles de la vida, nada más. No vivimos de rodillas ante el dinero ni esperando herencias, aunque en algunas épocas llegó a ser muy necesario y hasta escaso. Ni mi tía, ni mi mamá, dejaron jamás de trabajar para aportar su parte a la casa. Por cierto, recuerdo haber sido esa una de las condiciones puestas por mi tía Frida a Diego para volverse a casar: él contribuiría sólo con la mitad de los gastos y ella, con la otra mitad. Así se sentía Frida más dueña de su libertad. Cada vez que me veía salir a la escuela preguntaba: «Isoldita, ¿llevas lana? Escóndela para que no te vayan a robar en la calle». Y hasta la fecha conservo la costumbre de ocultar un poco de dinero para lo que se ofrezca; al salir a algún lugar siempre llevo «lana», como decía mi tía. En mi cabeza oigo el eco de Frida diciéndome: «¿Ya llevas lana niña?» Cuando le respondía que no, sin decir más, deslizaba graciosamente alguna cantidad en mi bolsa. Cuando mi tío andaba en una de sus escapadas cotidianas y el dinero llegó a faltar, mi tía nos tranquilizaba diciendo: «Vamos a tener con qué; no se preocupen». Entonces, se ponía a pintar.

«Por derecho propio»

Frida Kahlo fue una mujer muy valiente. No le importó si la gente hablaba bien o mal de ella. Cosas tan simples en esta época como que una mujer use pantalones, no eran bien vistas en sus años de estudiante. No obstante, ella hizo oídos sordos a las críticas, en gran medida porque no le gustaba guiar su vida a través de las opiniones ajenas, y por otra parte, porque notó desde niña que la gente, mal que bien, se quedaba mirando sus piernas, una de ellas mucho más delgada que la otra, a causa de las secuelas de la polio padecida de niña. Desde

Frida comienza a labrar su leyenda.

que se levantó de la cama, ni un solo día dejó de luchar para no dejar prevalecer a la enfermedad sobre su voluntad de vivir. Por eso se hizo una gran ciclista, y además llegó a contarme que hasta corría para obligar a «esa pata» a obedecerla.

Desde muy joven Frida empezó a construir su propia personalidad, ayudándose de las enaguas y vestimentas tradicionales de México, sobre todo del tipo de vestidos usados por las mujeres del Istmo de Tehuantepec. Durante muchos años la cojera no se le notó al caminar y menos aún tener una pierna un poco más delgada que la otra. La mayor parte de la gente que la conoció ya famosa, no sabía de su mal.

Como es fácil observar, Frida empleaba muchas expresiones coloquiales para definir sus sentimientos o exteriorizar sus pensamientos. A veces se descosía diciendo groserías, pero sin maldad, sin ánimo de ofender. En cambio, cuando Diego estaba enojado sí era muy mal hablado y hasta ofensivo. Si algo o alguien le caía mal soltaba palabras como ametralladora. O, quién sabe si en esto de atinar a los defectos del interlocutor, ella acertaba con más precisión. Repito, Frida era sumamente inteligente; hablo de inteligencia popular, de rapidez de pensamiento, conjuntado con una enorme gracia y picardía naturales. Cuando notaba que me quedaba observándola con gran atención mientras platicaba, me decía: «Tú siempre piensa muy bien lo que vas a decir y si decides hablar, hazlo bien; si no, mejor quédate callada».

Nuestra relación fue hermosísima y abierta, porque a cualquier cosa que le preguntara, ella le encontraba una afortunada respuesta. Sin embargo, también en eso encontró un juego divertido para aplicárnoslo tanto a Diego como a mí, pues nos conocía muy bien. Yo, entonces, tenía poca paciencia para escuchar,

pues como toda jovencita, buscaba respuestas cortas y apropiadas a mis necesidades más urgentes; mi tío era muy dado a echar discursos. Estando a media confidencia, a veces sucedía que llegaba él de trabajar y, nada más por molestar, le decía: «A ver Diego, ya que eres un sabio contéstale tú a la niña». ¡A sufrir!,

Frida y Diego en una de las ventanas de la Casa Azul.

porque Diego se extendía mucho, siempre parecía estar en un mitin; comenzaba a darme consejos y no sé cómo terminaba hablándome, por ejemplo, de la Catedral Metropolitana, de cuándo la habían hecho, qué alto tenía y todo lo demás, nunca preguntado por mí. Seguía con distintas construcciones y me hablaba hasta de pintura, que era su fuerte. Frida hacía como que iba por algo a la cocina, y allá se carcajeaba a lo lindo.

Entre ellos se tomaban pareceres. A Diego le interesaba mucho la opinión de mi tía acerca de alguna de sus pinturas, porque opinaba que ella era una «pintora instintiva». Por su parte, Frida siempre buscó apoyarse, para cualquier decisión de trascendencia, en Diego. Me divertía oírlos hablarse con palabras muy cariñosas y, en algunas ocasiones hasta imitando a los niños. Cuando mi tía quería saber si algo estaba bien, lo preguntaba directamente y entonces él respondía: «Sí chicuita, mi chicuitita». En otras ocasiones solía llamarle «Fridita» o

«Fisita», como cuando le confiaba extrañar su tierra, Guanajuato: «Fisita, ¿vamos?» A veces sí aceptaba, otras no, dependiendo de cómo se sintiera de salud. Pero cuando en la mesa comenzaban ambos a jugar con preguntas como: «Quién eres tú, o de qué estás hecho(a), tú?» ya sabíamos que todo aquel diálogo, en apariencia incoherente, terminaría en una noche de amor. Muy disimulados íbamos saliendo de la Casa Azul rumbo a la nuestra —que estaba en donde ahora está ubicada la cafetería del museo— para no incomodar.

Enfermedad

Ojalá que estas memorias resulten en un hallazgo para que las personas interesadas en la vida de Frida Kahlo, se den una idea de cómo transmitía su alegría. Por eso nos daba mucha pena verla al final, siempre acostada. Creo que todos extrañábamos a la Frida que nos contagiaba su sed de vivir; sus amigas llegaban a verla en un intento de hacerla partícipe de las cuestiones que estaban sucediendo en el mundo, o en la calle, por cierto las noticias que más le llamaban la atención; pertenecía al mundo que latía distinto, a las cosas de la realidad. Tanta confianza les tenía a esas amigas y tal era su espontaneidad que de pronto paraba la charla y decía: «¡A ver, lárguense; váyanse de aquí porque voy al baño!» Todo mundo se salía sin sentirse ofendido o rudamente tratado, pues entendían que estando en cama necesitaba usar el cómodo. No sé si por alguna de estas peticiones tan francas, alguien haya podido concluir que mi tía era poco menos que una cascarrabias.

Cuando su dolor aminoraba, casi siempre permanecía sentada frente a su caballete o contemplando los colores arrojados por el atardecer en su jardín. Si la mejoría era manifiesta, prefería

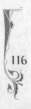

permanecer de pie o recorrer sus lugares y el jardín, donde disfrutaba de sus animales entre los que recuerdo a «Caimito del Guayabal» y a «Fulang Chang», dos monos araña; a «Granizo», un ciervo; a un loro llamado «Bonito»; a un águila apodada por ella «Gertrudis caca blanca», porque ensuciaba la pirámide construida por mi tío Diego como hogar temporal para algunos de sus ídolos; a dos guajolotes que la divertían mucho, sobre todo el macho que pasaba la mayor parte del día haciendo alarde de su condición de macho, ante la hembra que apenas se dignaba mirarlo; por supuesto que no puedo olvidar a sus dos perros consentidos: El «señor Xólotl» y la «señora Xolotzin». Cuando regresó de Estados Unidos, después de la última operación que le practicaron allá, a cargo de un doctor recomendado por el cineasta Arcady Boytler, nos sentimos muy reconfortados, porque no sólo volvió a caminar, sino que hasta se veía más alta, más erguida gracias a la varilla de quince centímetros que le ajustaron en la columna; pero aún así sabíamos que ese estiramiento le causó meses de dolor, que nunca logró doblar su espíritu enamorado de la vida.

Ser comunista, recordarán, era uno de los orgullos de mi tía; así lo dijo casi al final de su vida, cuando algún reportero le preguntó qué quería hacer cuando sanara. Dijo: «Vivir con Diego, pintar y ser comunista». Claro, estas respuestas a la prensa mucho tenían que ver con los sueños de Diego. Como saben quienes han seguido la historia

Antonio e Isolda Pinedo Kahlo, con la señora Xolotzin.

de Rivera, él se auto expulsó del Partido en 1929; regresó por poco tiempo, volvió a renunciar y hasta tres años antes de su muerte volvieron a abrirle las puertas. ¡Qué curioso!, hasta eso tuvo que agradecerle a la muerte de mi tía. Con ella, las relaciones extraoficiales de las partidistas eran mucho más cercanas, pues a muchas militantes las conoció siendo estudiantes o muy jóvenes todas y siguieron muy amigas, pese a los escándalos constantes de Diego. Cuando venían a verla los y las militantes del Partido Comunista, Frida se mortificaba mucho porque eran muchas personas y permanecían largos periodos en su compañía. Mi mamá Cristina, como era su costumbre, iba y venía sirviendo café o trayendo galletas y comida. Un día mi tía muy seria le comunicó a su hermana Cristina que le pondría más ayudas de casa para que la auxiliaran, cuando estas personas vinieran a verla o a discutir alguna novedad política gubernamental. Pero mi mamá invariablemente se opuso a un gasto mayor a de lo debido. No fue sino hasta el nacimiento de mi hija Mara cuando empezó a ceder autoridad para poder estar conmigo y con su nieta. Aún así, a regañadientes.

Marita fue la adoración de mi mamá y al cumplir dos meses de edad (1953), juntas fuimos a mostrársela a mi tía Frida, quien había estado reclamándome por no haberla llevado con anterioridad. Por alguna razón, ajena a mis deseos y a los de Frida, la fecha se había estado retrasando y yo no quería que ella se sintiera mal, o pensara cosas que no eran ciertas. Durante todo ese año ella fue sumamente sensible a cualquier ausencia de la familia e incluso llegó a reclamar con firmeza nuestra presencia. Al verla, mi tía Frida exclamó con mucha alegría que era la niña más bonita vista por ella en su vida. Tenía el pelo café oscuro y los ojos de un azul intenso.

En cuanto a mi tía Adriana, antes de dar yo a luz, me pidió que le regalara a mi hija, si Mara nacía el mismo día de su aniversario de bodas; en broma le dije que sí. Y sucedió tal cual predijo ella: La niña llegó al mundo el 8 de septiembre del año 1953. Pensando ahora en estos dos detalles, me percato de que fue una desgracia que ninguna de mis tías hubiera podido tener familia. Tanto Frida como Adriana sí lograron embarazarse, pero no llegaron a realizar su sueño por problemas derivados de distintos accidentes, como ya especifiqué en algún lugar de estas memorias.

Hospital

Tengo muy presentes los «después» de cada operación, cuando yo visitaba a mi tía. Pero se me quedó como una estampa imborrable una escena en especial, cuando estuvo internada en el antiguo Hospital Inglés. Ella yacía boca arriba en su cama y me pidió voltearla de lado para poder mirar todo lo que le habían hecho. Me quedé tan impresionada al constatar que los médicos dejaron toda su espalda como si fuera una ventana abierta, para continuar efectuando posibles intervenciones o curaciones. Me preguntó: «¿Cómo me ves?», y yo impactada —pues de la herida abierta emanaba un desagradable olor—, únicamente acerté a responder que la veía más o menos bien. Ella insistió: «Iso, tienes que decirme la verdad». «Tía, no soy doctora, pero pienso que pronto te vas a componer». No me creyó.

Frida acababa de regalarme un libro con una muy cariñosa dedicatoria y por esa razón me sentía mucho más apenada de contestarle lo que realmente estaba viendo y pensando, e igual le sucedía a mi mamá. Ese manuscrito pueden verlo en este libro.

Meses después, estando ya en su casa me pidió de nueva cuenta que bailara. "¿Cómo me pide eso?", me pregunté. "A lo mejor siente que ya va a morir". «Sí, baila!», repitió animada. "Pero cómo tía, si no es no más de enchílame esta otra. Hace mucho que dejé el ballet". En fin, pensé, he de complacerla. Me vestí un traje cualquiera, calcé mis puntas y comencé a bailar. En ese momento ella se echó a llorar, sin decir una sola palabra ni emitir una queja. No era necesario. El llanto es otra forma de hacer melodías.

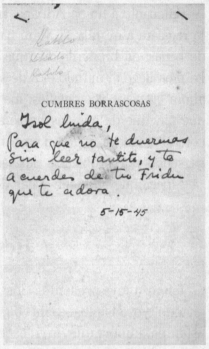

CUMBRES BORRASCOSAS

Isol linda,
Para que no te duermas
sin leer tantito, y te
acuerdes de tu Frida
que te adora.

5-15-45

Libro que le entregó Frida a Isolda en el Hospital Inglés.

Sin embargo, a pesar de todo lo sufrido por ella en el hospital, yo creo que se sintió bastante mejorada en aquel año. Frida no olvidaba nunca qué la había vencido y como a los dos meses del episodio anterior, retomó el tema: «A ver Iso, ahora sí vamos a bailar». "Pero, ¿cómo tía?". «¡Si, a ver, vamos a hacerlo!». "Tía Frida, con todo respeto, dime cómo pretendes". «Pues fácil, como si estuviéramos en un salón de baile y, si no me ayudas, yo lo haré sola». Así sucedió y aprendí que ninguna de sus provocaciones era ligera. En aquella ocasión Frida estaba vestida con un gabán lleno de espejitos, creo de origen oriental.

En sus últimos días de vida, ya sólo se levantaba de su silla de ruedas de vez en cuando. Pero tengo muy grabado que, muy anterior a esto, cuando libró otra batalla contra la muerte después de una operación de columna que se infectó, estábamos ella y yo en lo que es hoy la entrada del Museo. Me pidió su obsesión visual: bailar de puntas; quería saber —según ella— si yo no habría olvidado lo aprendido en mis clases de ballet. Bailé, aunque con un poco de miedo porque no había calentado y pararse en puntas —se conoce— no es fácil. Súbitamente me dijo: «A ver, espérame, voy a bailar contigo»; se incorporó, obviamente con mucha dificultad. Logró permanecer un buen rato de pie, sosteniéndose del barandal. En éstas acrobacias estábamos cuando llegó mi hermano Toño y tomó una fotografía. No sé en dónde quedó o quién la tiene; quizás Elsa Alcalá, la mujer que se casó con mi hermano y lo retiró de nuestras vidas para siempre; muy egoísta, muy cruel. ¡En fin!, haberla mostrado en este libro, sería una prueba más de hasta dónde podía llegar la tenacidad de Frida para no dejarse vencer por nada físico, por terrible que pudiera parecer.

El dolor que pudo haber sentido, innegable, también lo vivió con suma dignidad. No recuerdo haber escuchado que ella se quejara desesperada o gritara de dolor. Es cierto, había que inyectarle droga; imagínense cómo tendría la espalda cuando los médicos nos ordenaban no colocarla de lado. ¿Cómo hacíamos para que no sufriera tanto, sino inyectándola? Hasta de esos tragos amargos pude sacar lecciones, como cuando platiqué que me pedía no probar nunca en la vida una sola droga, a no ser por una emergencia, en el hospital y bajo la supervisión de un médico.

Además, ni con aquellos medicamentos tan fuertes perdió la fuerza moral que irradiaba. Un día me dijo: «Mírame qué mal me veo. ¿Te fijas?» ¿Cómo convencerlos de que nunca careció de lucidez ni perdió aquella disposición tan especial para ver las cosas de frente, con inteligencia?, ¡como eran!, sin pretender fugarse de alguna experiencia que la hiciera más y más fuerte.

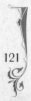

No quisiera adornarme con cosas que no hice. Nunca me atreví a ponerle una inyección a mi tía. Para eso estaba ahí mi mamá, quien llegó a ser como la madre sustituta de Frida. A veces pienso que por eso nos dejaba con mis tías. Hoy lo comprendo, pero de niña me hice muchas preguntas, sobre todo cuando me sentía sola y lejos de ellas. Dicho de otra manera, mi tía y yo compartimos a Cristina como madre. Ella le decía «mamuski, ven», o sea, mamacita en ruso. Hoy me da una gran ternura recordar estas escenas, pero a mi persona infantil, a veces le dolían, no lo negaré ahora.

Cuando aminoraban los dolores por las operaciones realizadas, lo primero que hacía mi tía era levantarse e ir a tomar su baño. Le encantaba lavarse el pelo y peinarse. Después se vestía muy elegante y se iba directamente a desayunar; de inmediato se ponía a pintar, antes de suceder otra cosa, porque en algunas ocasiones, las fuerzas en brazos y piernas no duraban por muchas horas.

Antonio, Isolda y, atrás, su madre Cristina.

Si los días arribaban grises para ella, o las antiguas lesiones regresaban con su memoria dolorosa, había que inyectarle «Demerol»; ese medicamento minaba sus fuerzas. Recuerdo también que la morfina se utilizaba para dormirla, pero sólo durante los ciclos muy agudos de la enfermedad, no siempre, como han escrito. Lo sorprendente es que hasta semidormida seguía pintando,

así era de fuerte su vocación por el arte que la conectaba con lo mejor de su espíritu: Su capacidad creativa.

Quisiera aclarar en este punto, que también es cierto que mi tía Frida siempre tuvo mujeres cerca de ella; eran sus amigas, artistas o las mismas compañeras enviadas por el Partido Comunista para ver por ella y asistirla. Pero han surgido chismes malsanos e inverosímiles —según mi experiencia— acerca de sus preferencias sexuales. Yo sí pude detectar en ella una gran avidez de cariño, y tal vez por eso aceptó toda clase de muestras de afecto efusivo, de cualquiera de sus allegadas que fuera a visitarla. Creo que a esa mala fama contribuyó mucho mi tío Diego Rivera, a quien sí le encantaba escandalizar con una sarta de mentiras, inventadas por él según la ocasión y el o la interlocutor(a) que tuviera delante. Como ejemplo, recuerdo aquellos días en que mi tío pintó el retrato de María Félix. La prensa exigía saber cuándo se iban a casar «la bella y la bestia», y mi tío para quitárselos de encima les respondió sin más y sin meditar en las consecuencias de sus actos: «¿Cómo me voy a casar con María?; hablen a mi casa para que vean que ahorita está con mi mujer». Y sí, estaban juntas, porque María Félix era una de las amigas consentidas de la Casa Azul, lo mismo que Dolores del Río, o Paulette Goddard.

Frida fue muy buena con todos, no sólo con aquellas personas que podían significarle distracción o ayuda, fuera ésta física o económica. Mientras pudo bastarse a sí misma, nunca cambió esta actitud positiva y generosa. La transformación radical de su personalidad puede ubicarse en ese día en que hubo necesidad de amputarle una pierna gangrenada; entonces sí, mi tía se acabó. Ahí comenzó su fin.

Entre los hombres que conservaron su amistad hasta la muerte, especial mención merecen Alejandro Gómez Arias, el poeta

Pellicer, El Corzo, Carlos Chávez, «los cachuchas» y sus médicos, el doctor Eloesser, Farill y el doctor Velasco y Polo, quienes la conocieron muchísimo y a fondo.

Otra prueba imborrable de su naturaleza siempre joven, es que, aun en los periodos de mayor sufrimiento, nunca dejó de estudiar. La recuerdo aprendiendo francés en su cama para ensanchar sus horizontes intelectuales y leer a los poetas en su lengua nativa. Mi tía nunca olvidó el alemán aprendido al lado de mi abuelo Guillermo y en el Colegio Alemán. Igualmente, le atrajo aprender algunas palabras u oraciones en lenguas autóctonas, por la admiración sentida hacia todo lo nacional y el respeto profesado a

Frida Kahlo (der.) y amigas de la preparatoria.

nuestras costumbres. Era muy inteligente y tenía, según yo, mayor capacidad para los idiomas que mi tío Diego; también más fortaleza. Sin embargo, nunca hizo alarde de sus talentos.

Gustos y géneros

Hablando de cuestiones más superficiales, admiré mucho a Frida porque tenía el cuerpo más bonito que vi entre todas mis amigas y parentela. Lucía unos pechos hermosos y así los conservó hasta el final, quizá porque nunca había amamantado.

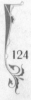

En cambio, mi tío Diego era muy distinto y algo gracioso en lo que a modos y figura respecta. A él, nunca le preocuparon ni su físico ni su aspecto. Como todo el mundo puede comprobar a través de las numerosas fotografías que existen de él, era bastante rellenito. Tampoco se ocupaba de su indumentaria. Recuerdo sus pantalones impuestos como bandera sobre el hilo del tendedero del patio. Eran de una tela inolvidable, de ésa que en aquellos años se utilizaba como género de cocina. La tela se conocía con el nombre de «cambaya». Su ropa interior era a cuadros y burda. En cambio, los calzoncillos blancos y finos que le obsequiaba mi tía Frida acababan tirados entre la basura. Recuerdo sus botas toscas de minero; fuertes para sostener aquel corpachón, y sus inseparables pantalones de mezclilla con pechera, o los de diario, siempre manchados de pintura.

Como era bastante panzoncito, en ocasiones, antes de salir a trabajar, yo le pedía que se abrochara bien el chaleco o la camisa para que no enseñara sus lonjas. Mostrándose en apariencia interesado preguntaba: «¿Así está bien?» Y aunque daba la vuelta evidenciando su molestia, casi siempre atendió a mis peticiones.

Accidente y destino

Me contaba mi mamá, que el día en que Frida tuvo su accidente, venía de estar con los amigos de la Preparatoria, los «Cachuchas». Pero después de aquella tragedia de la cual nunca quedó bien --y por ello tuvo que usar los primeros corsés—, haciendo alarde de valentía, Frida volvió a asistir, todos los días, para ver cómo pintaba Diego Rivera los murales de la Secretaría de Educación Pública, igual a como lo hizo, mucho más joven, en la Escuela Nacional Preparatoria.

Al principio —según me platicaba mi mamá— lo conoció pintando frescos dentro del Auditorio Bolívar, en la prepa donde ella fue una de las 35 mujeres admitas en aquel año, junto con el resto de hombres que, en total, sumaban dos mil alumnos. Frida platicaba que se dedicaba a molestar al «caraesapo» gritando desde su escondite: «¡Allá viene Lupe!», cuando estaba acompañado por Nahui Olin; o «¡Allá viene Nahui!», cuando estaba acompañado por su segunda esposa, Lupe Marín.

Lupe Marín, Eugenita, Frida, Cristina e Isolda.

Se entiende que después de aquel accidente y de tantos meses en cama y enyesada, ella no apareciera más por el andamio en donde Diego Rivera pasaba la mayor parte de su tiempo.

Fue tanto el amor que le tuvo a ese hombre, que quiero imaginar que uno o dos días después del camionazo, mi tío preguntó a sus compañeros si alguien sabía de aquella muchacha «tan feona» que se escondía para encelar a sus mujeres. Quiero pensar que sí hubo quien le contara al muralista

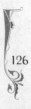

que Frida Kahlo y Calderón había tenido un accidente, y que Diego contestó: «Llévenme con ella». En mi imaginación, Diego Rivera llegó al hospital donde ella convalecía y fue él quien le transmitió lo que ella realmente necesitaba: Ganas de vivir y ganas de pintar. Porque la pintura, más vivir con Diego, eran las únicas cosas que ella confesó como dos de las tres prioridades de su vida.

Lo cierto es que mi tía Frida se acercó a mi tío con una charola pintada por ella y le dijo: «Dígame si tengo o no talento. ¿Verdad que soy un asco?», y Diego le contestó: «No Frida, usted lo tiene; usted es una persona autodidacta, no necesita estudiar pintura, a usted eso ya le nace». Desde ese día comenzó una bella amistad que terminaría haciendo de mi tía la tercera esposa en la vida de Diego Rivera.

Poco tiempo después, mi tío Diego conoció al padre de Frida, el afamado fotógrafo Guillermo Kahlo, quien tras preguntar si el pintor más polémico de México estaba interesado en su hija, advirtió al muralista que su hija poseía un gran talento, pero también y sin duda, «un demonio interior». «Ya lo sé», respondió mi tío.

Estoy segura de que ellos fueron muy felices a pesar de todo lo llorado y padecido por Frida; ¡se llevaban muy bien! Él la acostumbró a vivir a su manera; tanto es así que se casaron, se divorciaron y se volvieron a casar en San Francisco, California. Con tales decisiones, a mí no me queda duda de que debieron amarse mucho, pues de no haber sido verdadero su mutuo amor no hubieran durado tantos años juntos, ni mi tío se hubiera derrumbado como lo hizo, cuando ella ya no desempeñó el papel de ser sus colores en la paleta de su existencia, algo deshilvanada y harto compartimentada. Ya grave, cuando Frida

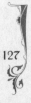

desesperada le preguntaba a su esposo «¡Dime, para qué vivo!», él respondía con los ojos llenos de lágrimas: «Para que viva yo, Fisita, para que viva».

Casas y retratos

No he mencionado hasta ahora los dos estudios que mis tíos construyeron en San Ángel Inn, donde está actualmente el Museo Estudio Diego Rivera. Ahí los visité muchas veces, pero mi recuerdo más vívido es aquel puente que dividía ambas construcciones. Cuando llegaban a pelearse, cada quien permanecía encerrado en «su casa», hasta que uno de los dos cedía y cruzaba dicho puente para congraciarse con el otro. Entonces se decía por los corrillos de la prensa una broma bastante cruel: Que la de mi tía, «era la casa chica». Pero los cronistas son tontos o les falta humor. ¿Nunca se dieron cuenta que la casa rosa era la de mi tío?

Existen dibujos y retratos míos realizados por ambos. Uno, poco antes de casarme, está pintado por mi tía Frida. El primero, estando yo todavía muy pequeñita, salió de las manos de mi tío Diego. Existe también un óleo de cuando aún usaba pañales, tenía entonces nueve meses de edad. Los dos primeros los conservo con enorme afecto, el óleo, lo vendí.

El cuadro-retrato de mi mamá Cristina, que siempre estuvo colgado en mi sala y fue una de las primeras obras de mi tía Frida, tuve la necesidad de venderlo a través de la casa Sotheby's de Nueva York, cuando pasé por una época de estrechez económica. Me arrepiento, y no, ya que gracias a mi mamá y al trabajo de mi tía pude arreglar mis problemas. Por otro lado, sentí como si hubiera perdido un brazo o una pierna.

Es cierto que Frida, como se ha mencionado en múltiples biografías, no estudió pintura con ningún maestro. Fue autodidacta. Sólo iba a ver pintar a mi tío Diego en donde quiera que él estuviera y con él discutió sus cuadros hasta el último día en que pudo levantarse a pintar. No obstante su falta de academia, dio clases en la Escuela de Pintura y Escultura «La Esmeralda», donde incluso asistí a tratar de aprender algo de ella. No se me dio

Isolda P. Kahlo, 3 años.

mayormente la pintura. Lo único que alcancé a hacer y que todavía conservo es un autorretrato.

En cuanto a los temas de inspiración buscados por mis tíos para sus cuadros, tengo muy presente cuando íbamos a los pueblos en aquella antigua camioneta tan destartalada que manejaba Sixto Navarro, el chofer de Diego, a quien apodaron «el general trastornos», porque decía mi tío que todo lo trastornaba, hasta lo más simple. Algunos lugareños ya nos conocían; la gente solía ofrecernos algo de comer y en ocasiones mi hermano o yo no aceptábamos por pena. Ya de regreso en la casa, Frida nos hacía ver nuestro error: «La gente de aquí tiene muy poco, tomen lo que les ofrezcan, no lo desdeñen. Tengan muy presente que a pesar de sus carencias estas personas poseen una gran educación y mucha nobleza. Lo poco que ellos tienen, de corazón les gusta compartirlo». Sentí horrible cuando comprendí lo que ella estaba tratando de transmitirme. Sinceramente considero que nuestro pueblo sigue siendo igual de noble. Han sido la explotación sufrida y la corrupción de nuestros gobernantes, lo que provocó cambios muy negativos en los habitantes de las grandes ciudades de México, el otrora muy noble país.

Frida, con amigos en Xochimilco.
primero a la izquierda,
su sobrino Toño Pineda Kahlo.

Tanto Frida como Diego, siempre fueron muy obsequiosos con todos sus visitantes, pero sobre todo con los más pobres. Frida Kahlo era una persona muy inteligente y astuta, muy buena muchacha y siempre compadecida con las necesidades de la gente humilde o de aquellos que trabajaron a su servicio. Pero, si algún aspirante a pintor llegaba a mostrarles su trabajo y mi tío consideraba que no era bueno, con toda franqueza le decía: «No mano, tú mejor dedícate a otra cosa». Mi tía fue una persona muy derecha.

«Son las seis de la mañana
y los guajolotes cantan,
calor de la humana ternura
Soledad acompañada.
Jamás en toda la vida
olvidaré tu presencia
Me acogiste destrozada
y me devolviste entera.
Sobre esta pequeña tierra
¿dónde pondré la mirada?

Fragmento de un poema de Frida,
dedicado a Diego en su cumpleaños. 8 de diciembre de 1938.
Diario.

V

MI TÍO DIEGO
Frente a la historia

Frida y Diego en su segunda boda,
San Francisco. CA.

No sé si las «memorias» sirvan de algo; de lo que sí estoy segura es que, de mantenerlas sujetas a mí, a aquellos que se interesen por conocer nuevos aspectos de la vida de Frida Kahlo y de Diego Rivera, jamás van a transmitirles un mensaje largamente elaborado en la memoria de una niña, cuyo tamiz es la experiencia de una mujer mayor. No sé si quienes accedan a este libro conozcan cuál fue el nombre completo de Diego Rivera, o si resulte de mayor interés mencionar a su hermano gemelo. Ambos niños nacieron el 8 de diciembre de 1886 en la platera ciudad de Guanajuato; al nacido primero, el padre, Diego Rivera Acosta, le puso por nombre Diego María de la Concepción Juan Nepomuceno Estanislao de la Rivera y Barrientos, Acosta y Rodríguez; el segundo de los gemelos, Carlos María, murió dos años después.

Mi tío solía divertirse diciendo que desde los tres años fue un ateo declarado, y que éste había sido el motivo por el cual su tía abuela, Vicenta, a quien llamaba «Totota», dejara de hablarle y de visitarlos. Aquella tía de Dieguito era sumamente católica, igual a su madre, María del Pilar Barrientos. En cambio, el muralista Diego Rivera platicaba que su padre, además de conducirlo hasta la estación de trenes para saciarle su curiosidad de ver cómo funcionaban aquellas máquinas, lo invitó muy pronto a ser parte del círculo de amigos liberales frecuentados por él, por supuesto, todos ateos. Imagínense, el niño tenía entonces 5 años y ya comenzaba a hacer historia.

Cuando estaba de buen humor, Diego nos platicaba, a mi hermano Toño y a mí, sus aventuras de niño «prodigio». Recuerdo que a veces salíamos aterrados hacia la recámara preguntándole a Frida si aquello era cierto, o no. Por ejemplo, una tarde en el jardín de la Casa Azul de Coyoacán, afirmó haber descubierto su vocación de pintor estropeando las paredes de su casa; según él, de niño había jugado con el cadáver de uno de sus hermanos, pues la muerte le era indiferente, y aseguró que pintaba profesionalmente desde los 10 años, gracias a que había despanzurrado a un pobre animal para ver cómo estaba hecho por dentro. Recordaba a sus maestros con gran cariño, entre otros, a los conocidos en el

antiguo convento de San Carlos, los primeros en revelarle los secretos del pincel: Félix Parra, quien le enseñó a apreciar la cultura precortesiana; José María Velasco, el mejor paisajista mexicano, y el maestro Rebull, quien descubrió para el novato pintor la importancia del movimiento y la vida de los cuadros. Sin embargo, a quien más admiró fue al grabadista José Guadalupe Posada, asegurando conocerlo en persona.

A los veintiún años su padre lo llevó con el entonces gobernador de Veracruz, de apellido Dehesa, quien creía en la revolución del pueblo a través de la cultura. El gobernante le otorgó una beca para ir a Europa a perfeccionar su técnica. Llegó a España (1907) con una carta de recomendación otorgada a la joven promesa mexicana por el doctor Gerardo Murillo (el doctor Atl), quien lo encomendó al gran pintor español Eduardo Chicharro y Agüera. De ahí en adelante su vida ocurrió entre viajes, pintores, aventuras descabelladas y corrientes en boga; y también entre mujeres, pues pintaba con tal pasión y sin tomar descanso, enfermando gravemente allá, por primera vez debido a sus excesos, de alguna afección glandular, pretendiendo curarse a través del ejercicio sexual y de una dieta convertida en manía vitalicia. Él juraba que, por esa causa sus ojos eran desmesurados y saltones. Yendo de un país a otro, en Brujas, Bélgica, conoció a Angelina Beloff, su primera mujer, con quien tuvo un hijo, «Dieguito», muerto a consecuencia del frío durante un invierno muy crudo en Europa (1918). Mi tío tuvo una hija, en 1919, llamada Marika. Él conservaba sus cartas y le enviaba dinero, aunque nunca reconoció oficialmente su paternidad, pues solía afirmar no ser el padre de aquella niña, en la realidad hija de «un francotirador senegalés». De cualquier manera, cada vez que el nombre de Marika salía a relucir, la que hacía corajes sin fin era nada menos que Lupe Marín, la segunda esposa de Diego.

Y precisamente siendo Guadalupe esposa de Diego, fue cuando conocieron los dos a Frida Kahlo. Mi tío regresó de Europa para pintar los muros de la Escuela Nacional Preparatoria, donde ella se matriculó. Estoy hablando de 1922; por entonces, mi tía Fisita tenía quince años y una vida por delante. Pero, tres años después, una tarde, al regresar de la Preparatoria, sufrió el terrible accidente que habría de marcar su existencia para siempre (17 de septiembre de 1925); ella tenía 18 años y el muralista cumpliría en ese mismo año, treinta y nueve.

En diciembre de ese año, mi tía dirigió una carta a quien era entonces su novio: Alejandro Gómez Arias, la cual ilustra un poco lo que estaban viviendo en la Casa Azul, mi mamá Cristina, mis tías Matilde y Adriana, mis abuelitos y Frida. Ella ya se había levantado de la cama y salió a pasear por la ciudad junto con una amiga llamada Agustina Reyna. Se quejó con Alejandro porque éste había platicado muchas cosas íntimas sobre ellos, dejándola a la altura de una «Nahui Olin, que es un ejemplo de todas ellas». Hasta donde sé, mi tía tuvo por esos días un romance pasajero, nunca perdonado por Alejandro. Sin embargo, lo interesante de esta carta es que me permite reconstruir la historia de ambos, Diego y Frida, a través de la unión de estas piezas que van haciendo sentido, hilvanadas con mis recuerdos. Si Nahui Olin fue la modelo de Diego y mi tía

Diego Rivera , en la escalinata del Palacio Nacional.

Frida la conoció (por algo la menciona), ellos dos —Frida y Diego— ya habían tenido algún tipo de contacto, efectivamente, en 1922.

Otro amigo de Frida fue el líder estudiantil Germán de Campo. Según contaba, gracias a él conoció al revolucionario cubano Julio Antonio Mella (1928) y todo indica que a través de su ingreso a las Juventudes Comunistas, volvió a encontrarse con el entonces ya famoso pintor Diego Rivera, quien la eligió su modelo para un fresco de la Secretaría de Educación Pública, donde aparece vestida de pantalones, con una camisa blanca y una estrella roja en el lado izquierdo del pecho. Mi madre posó para mi tío en los frescos de la Secretaría de Salubridad y Asistencia, en 1929. Entonces, he de asumir que para esas fechas, mi madre, mi tía y Diego, ya eran buenos amigos.

Diego Rivera, aparte de pintor, político y polemista, se enredó en cuanto problema hubo oportunidad, mientras vivió. Fue amigo de Siqueiros desde cuando ambos estudiaban en Europa, aunque luego se distanciaron y tuvieron dificultades muy graves, sobre todo al convencer mi tío al presidente Lázaro Cárdenas, de conceder el permiso para traer a León Trotsky a México, en condición de asilado político. También fue amigo de José Clemente Orozco a quien quise muchísimo, inclusive estuve a punto de casarme con su hijo. Estos tres muralistas siempre se reunían para hablar de política, pues fueron las figuras más importantes del Partido Comunista en los años veinte. Los vi de cerca, los escuché. Imagínense, yo ahí enfrente de esos monstruos, casi sin comprender nada, sin embargo mirando la futura historia de México mientras iba desarrollándose. Contaba entonces con unos 11 ó 12 años. Me percaté, y no, de la importancia de estos hechos, pues lo cotidiano borra mucho de lo excepcional, al convertir en natural lo que para otros puede ser extraordinario.

«No puedo amarlo por lo que no es»

Ignoro si mis tíos se enamoraron «a primera vista» o si su amistad fue creciendo con el tiempo hasta convertirse en amor y después en una pasión tan compleja como sus caracteres. Diego solía contar que a primera vista se había prendado de esa mujer «bajita y flacucha» que con su «cara de perro» iba a sentarse debajo del andamio para verlo pintar. Y siendo Frida partícipe activa en la elaboración de los mitos de Diego, no hubo cómo saber la verdad

Isolda P. Kahlo.

mientras vivieron, porque ambos brincaban de una versión a otra sin autocensurarse; cambiaban de película según fuera su estado de ánimo. Lo que sí me aclaró mi madre, fue la incapacidad de su hermana para robarle el marido a nadie, y creo que mi propio tío platicó que su relación matrimonial con Guadalupe Marín ya se había terminado cuando decidió hacerse novio de mi tía.

Quien hizo hasta lo imposible por espantar de Coyoacán al pintor que entonces ya merodeaba por la Casa Azul, fue sin duda mi abuelito Guillermo; por algo le dijo que mi tía tenía «un demonio oculto», que se cuidara. Pero aquel hombre gigantesco era el mismo diablo, y mi tía con una figura pequeñita, sólo provocaba ternura y amor. Debió amarlo mucho porque con su boda civil Frida desafió a mi abuelita Matilde, quien no asistió a la ceremonia; mi abuelo sí, para apoyar a su hija y no dejarla sola en aquel día tan importante para cualquier mujer. Por cierto, Frida fue la segunda hija en retar la autoridad de Matilde Calderón; la primera fue Maty al huir con su novio.

Yo nací en el año en que se casaron mis tíos. El primer pleito, contaba mi mamá, ocurrió el mismo día de la boda. Según creo, Diego se peleó con algún hombre y echó bala. Frida regresó a la casa y él vino por ella para llevarla a su nuevo hogar.

Trato de entender ahora el concepto de intimidad un poco extraño entre mis tíos, o al menos el de Diego, porque Frida se quejó algunas veces de que jamás había podido vivir completamente sola con él, quien a los primeros en invitar a vivir a su casa de Paseo de la Reforma 104, fue al matrimonio Siqueiros. Al parecer tuvieron cierta paz en Cuernavaca, durante el tiempo en que mi tío pintó los frescos del Palacio de Cortés. Ahí, por ejemplo, quien tuvo la brillante idea de pintar de blanco y no de negro, el caballo de Zapata fue Frida Kahlo.

El año de su boda fue un tanto truculento. Mi tío contaba que él mismo había renunciado al Partido Comunista porque ya estaba harto de los ataques de «una bola de mediocres», sólo por trabajar en lo suyo, pintar murales. Y también presumía de que aquella noche memorable de su autoexpulsión, estaba dispuesto a matarlos a todos a balazos. Cuando mi tía Frida veía nuestra cara llena de espanto, nos guiñaba un ojo: «La pistola de su tío no era de "adeveras", sino de barro». Sin embargo, uno de niño, viendo lo que yo veía, no podía saber quién decía la verdad, porque Diego siempre andaba armado para defenderse de sus enemigos, al parecer, fueron muchos. Es más, las armas podían encontrarse por toda la casa y todos aprendimos a tirar. Yo misma, un buen día me vi en la necesidad de atender, con mis propias manos de niña, a un hombre herido que llegó hasta la Casa Azul para pedir auxilio. Le coloqué un torniquete y me lo llevé de allí a la casa de un doctor dentista, amigo de la familia.

Tal vez mis observaciones y apuntes acerca del carácter de Diego Rivera causen risas e incredulidad entre algunas personas que mantienen de él una imagen parcial y más espectacular, pero en la Casa Azul la memoria que guardo de su persona es la de un hombre muy tranquilo. No obstante, cuando llegaba a reñir con Frida, se decían hasta la despedida y a gritos, sin importarles si una los escuchaba. Si entrábamos a donde ellos estaban discutiendo, nos decían: «Pásenle muchachos, estamos enojados pero pueden quedarse a oír el pleito». Jamás nos hicieron sentir que no éramos bienvenidos, ¡ni a sus guerras de lenguaje florido! Como sobrinos, siempre nos sentimos parte de una sola familia y lo mismo compartimos bonanza, que problemas, ataques, júbilo y tristezas. Hoy me doy cuenta de la inmensidad de su cariño por nosotros; a su modo, claro.

Diego era muy especial y Frida no se quedaba atrás. Ella solía contar, no sin picardía, que en San Francisco mi tío «se prendó» de una tenista (Helen Wills), pero como ella era culta, se interesó más por la fotografía (Edward Weston) y por la medicina. Es decir, allí (1930) conoció a quien sería su médico y amigo de toda la vida, el doctor Leo Eloesser. Cuando viajaron a Nueva York, mis tíos conocieron a las hermanas Lucienne y Suzanne Bloch, hijas de un compositor (suizo), Ernest Bloch. La primera, con los años resultó ser una excelente amiga. Frida afirmaba haberle producido tantos celos al conocerla que enfrente de todas las personas, durante una cena de honor, le manifestó a gritos su odio, dándole un fuerte empujón. Cuando viajaron a Detroit, mi

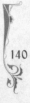

tía se quitó el nombre y lo cambió por su primer apelativo «Carmen»; decía ella, para que no la fueran a confundir con algún fascista. Me contaron que en esa ciudad perdió al primer hijo de Diego, y su tristeza fue comprobar que tener descendencia, no era algo interesante para el siempre ocupado muralista.

Diego y Frida, en la Casa Azul, a punto de volver a E.U.A.

Este aspecto de su relación es importante. No es mi deseo definir a Diego Rivera como un hombre insensible y grosero. Al contrario, el trato dado por él a mi tía siempre fue el de un padre protector. Si ella arriesgaba su vida cada vez que se anunciaba un embarazo, ¿no era lógico desviar la atención de su compañera hacia otro punto de interés para no hacerla padecer más? Muchos han calificado a mi tío de posesivo, pues, según aquellos, quería a Frida a su lado y sólo para él. Puede ser verdad, y entonces un hijo pudiera haber sido un obstáculo para viajar juntos por todo el mundo, pero nunca lo expresaron así. Supe que él sufría enormemente imaginando a su esposa debilitada aún más, con nuevas intervenciones, poniendo en riesgo su vida sólo por el deseo de ser madre; por esa razón no mostraba mayor interés en que ella se embarazara. Para compensar estas carencias, mi tía desbordó su amor entre todos los niños que entrábamos y salíamos de sus casas, como si fueran las nuestras: Hijos de las personas del servicio; las dos hijas de Diego, Lupe y Ruth; los hijos de sus amigos. Y, sobre todos ellos, nos dieron amor a Antonio y a mí.

Pintor y político

Frida Kahlo, la mujer sensible, no disfrutó su estancia en los Estados Unidos. Quien sí estaba feliz por estar haciendo la revolución en los muros era Diego Rivera. A Frida, los *gringos* le parecían insensibles, poco cultos; sin embargo hizo allí muchas y duraderas amistades. Diego Rivera, lejos de proceder con egoísmo, presentó a Frida como una pintora excepcional y abrió para ella el círculo de sus relaciones. Empero, ser la esposa de un muralista etiquetado de comunista no debió ser fácil. El pintor reñía con sus propios contratantes en cuanto éstos le sugerían alguna modificación en los frescos. Por otro lado, el Partido Comunista Mexicano veía con malos ojos a Rivera aceptando pintar para el capitalismo o, en México, llenando los muros de los edificios gubernamentales, de un gobierno tan contrario a la filosofía comunista. Pero él decía que, si una revolución en el arte iba a consolidarse, sería más fácil si ésta comenzaba en el propio corazón del capitalismo. «Cobro en dólares —vociferaba Diego— pero ¿no ven que los estoy llenado de buenas ideas?»

Un ejemplo para ilustrar estas aparentes contradicciones aconteció en su encuentro con Henry Ford, a quien admiró, y con quien se identificó en la fuerza de la transformación de la materia bruta en productos útiles para la humanidad. Diego decía que le hubiera gustado alabar más el espíritu emprendedor de este millonario; no obstante, cuando los alojó en el hotel

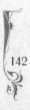

Wardell, en Detroit, y Rivera se enteró de no admitir allí judíos, organizó un mitin y amenazó con desocupar, su esposa y él, la habitación. «Ya nos habíamos salido», completaba Frida. El resultado fue que la prohibición se levantó. No contentos con eso, durante una cena en la residencia del industrial, Frida Kahlo le preguntó a bocajarro: «Mister Ford, ¿es usted judío?» Entonces, pese a que ella la pasaba mal en esa «aldea antigua y pobre», jamás dudó en apoyar las ideas e iniciativas de su esposo. Asi mismo, defendió con el alma y a través de cartas y manifestaciones, la libertad de Diego Rivera para pintar los motivos imaginados por él, aunque molestaran al régimen con ello, a los empresarios del Hotel Reforma o a los «persinados» que taparon con cartones el mural del Hotel del Prado.

«El Toro»
(Apodo de Rivera en Europa)

La vida amorosa de Diego Rivera no podía guardarse en el clóset, puesto que era una figura pública y los medios de información lo seguían, precisamente porque él era noticia. Quizá tomó de su padre el modelo de la infidelidad; sin embargo, existen dos diferencias muy claras entre el padre de Diego Rivera y la conducta del hijo incorregible. La primera, que para el muralista la belleza femenina fue un símbolo de la fuerza creadora y vital que todo el universo emana; es decir, la mujer fue un vehículo para aproximarse al arte, un objeto de contemplación y gozo; el padre de Diego sólo se quedó en el gozo. La segunda, que Diego Rivera no tenía necesidad alguna de salir a buscar mujeres, ellas iban tras él. Y su espíritu —marcado por una historia familiar de infidelidades paternas y sufrimiento materno— debió dejar hondas huellas en su alma sensible. Pero, aunque todo lo anterior tenga su causa y explicación, no por ello Frida dejó de padecer hondamente en cuanto una nueva aventura aparecía en el horizonte de su felicidad, para mancharla.

Diego Rivera jamás fue un hombre descarado; sus aventuras eran escondidas, y quien las publicaba era la prensa; Frida se las ingeniaba para descubrirlo y en ello ponía toda su astucia. Además, yo creo que lo conocía demasiado bien y por eso podía notar cualquier cambio en su actitud. Diego tenía en su contra la característica de ser bastante infantil y, por tanto, se traicionaba de mil formas. Algunos lo han calificado de cínico; puede ser. Rivera tuvo mujeres preciosas a su alrededor, amigas, modelos y amantes. Las mujeres más bonitas lo procuraban. Por ejemplo, recuerdo a dos grandes amigas de la Casa Azul: María Félix y Dolores del Río, ésta última era calificada de «dama» por mi tía Frida. Por cierto, yo tendría unos catorce años cuando traté a María. Sus pies me parecían muy feos y se lo dije. Ella se reía y me contestaba: «Si no los tengo para enseñártelos a ti, mocosa».

Por otro lado, mi tía era muy comprensiva con los problemas de quienes se confiaban a ella y, además, tolerante con las tendencias personales y sexuales de cada quien. Decía que no había por qué intentar cambiar a un hombre o a una mujer cuya existencia se había vivido de ese modo. Para ella, no se tenía por qué juzgar a nadie. Vi tantas cosas que ya todo, me parece, es perfecto. A mis tíos los adoraban hombres y mujeres por igual, y nunca vi sucederse nada del otro mundo entre ellos. Para acabar pronto, lo mejor que hubo en México, en cuanto a mujeres, lo tuvo mi tío. Y lo mejor que hubo en México, en cuanto a hombres se refiere, lo tuvo mi tía. ¿Cuál era el problema? ¡Ninguno! En este aspecto ya todo está dicho.

Frida y Diego eran dos seres geniales. No vivieron escondiéndose, sino libremente. ¡Qué bonito!, decía yo para

mis adentros, pero a fin de cuentas me sentí toda desequilibrada, porque iba a casa de mis tías y ahí no se podía hablar de estos temas, ni con Adriana ni con Maty; ellas pensaban que vivir de acuerdo con un código moral distinto, era lo correcto. Debí aprender a compaginar estos dos aspectos tan contrarios de mi familia, y he de confesar que ambos me parecían positivos, si cada cual vivía feliz a su manera. A todos los quise y no me importaba cómo vivieran, porque nunca he sido una persona morbosa.

Nuevo matrimonio.

Creo que con el tiempo Frida Kahlo fue ganando seguridad en sí misma, a pesar de los desplantes y las ocurrencias de Diego; es decir, aprendió a través del dolor cuánto valía como persona, como pintora y como mujer. Diego era suyo y —según solía decir— ella estaba ahí para defenderlo, porque lo amaba más que a sí misma.

Sin embargo, Fisita pudo aprovechar ciertas oportunidades, regalo de la vida, para cobrar venganza por las aventuras de su esposo. Frida Kahlo se alimentaba de amor, así que lo procuró y lo aceptó cuando el hombre valía la pena, pero como el señor Rivera era de armas tomar, celoso y echaba bala, se cuidaba mucho de hacer públicos sus amores, o que sirvieran de combustible para encender más escándalos. Para encubrir su persona, utilizó algunos seudónimos en sus cartas, por ejemplo, Rebeca, Mara, Sonja, Xóchitl o Chicua. Desvió las cartas dirigidas a sus amantes a través de sus amigas y hasta llegó a utilizar una dirección postal secreta.

Cuando llegaba a armarse un pleito muy fuerte entre Frida y Diego, mi mamá Cristina entraba a calmarlos o ponía a cada quien en su lugar, siempre y cuando ellos lo permitieran. Si resultaba imposible llegar a un acuerdo, Diego comenzaba a caminar de un lado a otro dando grandes zancadas y gritando cual niño con berrinche: «¡No me entienden! ¡En mi propia casa nadie me comprende!» Luego, volteaba hacia donde yo estaba escondida y preguntaba: «Cholda, ¿tú sí me entiendes?». Y también solía decirme: «Tú eres la única que comprende, pero vete para allá porque eres muy precoz».

Los animales

A Diego le encantaban los animales y pienso que a Frida le sirvieron para desahogar en ellos mucha de la ternura guardada para el hijo que nunca tuvo. Uno de los animales consentidos de mi tío era un mono araña llamado «Fulang Chang», lo cual quiere decir «cualquier chango». Éste había sido un regalo para Frida, comprado en el sureste mexicano. Pero el mono se acostumbró a andar suelto por el jardín de las casas de San Ángel y solía jugar muy bruscamente con Diego, tanto, que un día le rasguñó la cara. A consecuencia de esto se le infectó un ojo, el cual tardó muchísimo tiempo en sanar. Frida le recomendaba

a Diego no jugar tanto con él, porque si un día le sucedía algo irremediable por culpa de «Fulang Chang», ella misma lo ahorcaría.

Hablando de celos, mis tíos tuvieron una mona, pareja de otro chango llamado «Caimito». La mona estaba prácticamente enamorada de mi tío Diego y fue quizá la rival más salvaje de Frida. Cada vez que la veía acercarse a él, enseñaba los dientes y gritaba ¡aaajjj!. Se lanzaba corriendo o volaba por los aires desde donde estuviera agazapada, con intenciones innegables de atacarla a mordidas. Tan lista era, que un día escondió un palo perdido por ahí, y al verla acercarse sacó el madero de su escondite y lo blandió muy cerca de su cabeza. Al no poderse desplazar Frida con rapidez, aunque reaccionó de inmediato, fue necesario que yo saltara desde donde me encontraba para interponerme entre Frida y la mona; entonces tendría unos siete años. La verdad, le tomé un miedo terrible a los simios. Diego, por su parte, solía celebrar estos desplantes del animal a carcajadas. Sin embargo, éste fue el último día de estadía de esa mona en San Ángel. Diego ordenó llevársela; nunca volví a verla. Hoy, me resulta curioso ver las pinturas donde Frida Kahlo se retrató con los monos. ¿Tendrán un sentido oculto? Por ejemplo, el venado «Granizo», sí lo tuvo. Fue «El venado herido» del cuadro que le regaló a Arcady Boytler y a su esposa. Los monos pueden ser los celos; cuidaban sus espaldas porque lo vigilaban.

Asilados

Diego Rivera llevó sus convicciones políticas y su lealtad a límites poco vistos en otras personas. Cuando logró que asilaran a Trotsky en México, vino para nosotros la primera mudanza. Él le cedió la casa Azul de Coyoacán por dos años y jamás le requirió el pago de una sola renta. De esta relación de Trotsky

con los Rivera-Kahlo se ha escrito mucho. A mí no me consta nada del tema de los amoríos de Leo con mi tía. Pero de una cosa sí estoy cierta, la relación entre Diego Rivera y el presidente de la Cuarta Internacional no se rompió porque el anfitrión hubiera descubierto que ellos se atrajeron mutuamente por un tiempo. Eso jamás lo habría perdonado Diego Rivera, pues, además de la amistad, el hecho significaría que el revolucionario ruso era un traidor político. Aquella traición, de haberla conocido, le habría costado mucho a León Trotsky. Además, mi tío era dueño de una memoria fantástica; funcionaba igual que una agenda para inscribir detalles, nombres y fechas, pudiendo abrirse en el momento preciso para cobrar una afrenta.

Cuando ocurrió el exilio español, Diego no dudó ni por un instante en disponer que un buen número de ellos ocupara nuestra casa en Coyoacán. Fue entonces cuando nos mudamos de nuevo a la vieja casona Azul de Coyoacán. Cuando ellos desocuparon la casa en donde ahora vivo, mis tías se aseguraron de que eso no volviera a ocurrir, entonces cedieron sus derechos a Cristina, la hermana menor, y a sus dos hijos. Por esa razón la propiedad se conserva aún en la familia.

¡Te estás matando!
TE ESTÁS MATANDO
Hay quienes ¡Ya no te olvidan!
Acepté su mano fuerte

Aquí estoy, para que vivan.

FRIDA

Diario
(cita Hayden Herrera)

VI

«LOS FRIDOS EN EL CINCUENTENARIO LUCTUOSO DE LA MAESTRA FRIDA KAHLO»

Arturo García Bustos y Rina Lazo

El pintor y grabadista Arturo García Bustos formó parte del grupo de estudiantes que recibieron lecciones de pintura en la escuela «La Esmeralda», con Frida Kahlo. Este grupo de jóvenes entusiastas fue y es conocido con el nombre de «Los Fridos». Sus integrantes son, además del ya citado, Guillermo Monroy, Fanny Rabel y Arturo Estrada.

Como un aporte más a este libro-homenaje, en el cincuentenario luctuoso de su maestra, Frida Kahlo y Calderón, don Arturo García Bustos y su esposa, la también pintora Rina Lazo, han querido brindarnos su testimonio. Cabe aclarar que Rina fue ayudante de Diego Rivera y, por consiguiente, las palabras de estos maestros creadores resultan indispensables para ampliar la información de esta obra, realizada con enorme cariño por los familiares de Frida, sus alumnos y amigos.

El maestro Arturo García Bustos aclaró que «La Esmeralda» había sido antes el taller del Instituto de Bellas Artes y después, con una plataforma magisterial de lo más selecto y la mejor calidad, se logró crear la escuela «La Esmeralda»; su primer director fue Antonio Ruiz, «El Corzo». Arturo estuvo inscrito en la escuela desde que se inauguró (1942) y hasta un año después tuvo la oportunidad de tomar clases con Frida Kahlo. La pintora y su esposo, Diego Rivera, comenzaron

a impartir cursos en 1943, cuando ella tenía 36 años. «Entonces, —cuenta Arturo— estaba radiante, caminaba, llegaba a la escuela cargada de frutas o de objetos mexicanos que servían como modelos. En la escuela, al contrario de lo que se ha escrito, jamás llegó con muletas». Sus alumnos la vieron usar silla de ruedas, pero en no más de 2 ó 3 ocasiones, y siempre después de las operaciones. En general —agregó Rina— «estaba perfectamente; joven, feliz. Era una maestra llena de vida, de alegría y se le notaba el gusto que tenía al enseñar a gente que comenzaba a pintar».

Fue en junio de 1943 cuando el grupo de «Los Fridos» inauguró los frescos de la Pulquería «La Rosita», en Coyoacán; años más tarde habría otra fiesta, la reinauguración del mismo expendio, con "cuetes" y baile callejero. En este tipo de trabajos no puede descartarse la influencia de Diego Rivera. Él solía comentar que la pintura popular tenía sus manifestaciones más coloridas y vivas en los sitios de reunión, lo mismo que en casas y jacales autóctonos, donde abundaban los adornos de papel china y los «judas» hechos de papel maché,

*Frida en una trajinera,
en Xochimilco (Chiflando)*

coloreados con pinturas contrastantes. Las pulquerías fueron centros de reunión populares llenos de tradición en el México post revolucionario. La tradición de pintar las cantinas por dentro y por fuera, era un encargo que hacían los propietarios a los pintores populares, abundantes en los distintos barrios de aquel México viejo. Para Frida fue la oportunidad de mostrar a sus alumnos la importancia de la pintura mural. «Nunca lo expresó así, pero yo entiendo que ese fue su propósito, además de hacernos conocer la técnica del fresco que preparaba "El Mudo", el propio Manuel Martínez que era el ayudante de Diego», señaló Arturo García Bustos. Manuel, también aparece en distintos libros como «Manolo» o «Manolito», a quien Frida le impuso el mote de «El inquieto», porque —decía— era demasiado tranquilo.

Sin embargo, existieron dos momentos en «La Rosita». En el segundo, es al mismo Arturo a quien se le ocurre pintar la leyenda «El mundo de cabeza por la belleza», que sirvió de marco para pintar al maestro Rivera flanqueado por María Félix y Pita Amor, mientras que Frida Kahlo está acompañada del cineasta Arcady Boytler, amigo cercano de Frida (tan cercano fue que a él dedicó el cuadro «Venado herido», 1946).

Frida, siempre dispuesta a promover a sus alumnos, les comunicó al «Güero» Estrada y a García Bustos que había conseguido otra oportunidad para ellos en la redecoración de dicho establecimiento pulquero, cuyos primeros murales estaban ya muy deteriorados por el paso de ... manos y transeúntes. «Como María Félix era amiga de la casa, una mujer bellísima, deslumbrante, íntima de los maestros, y Rivera la había pintado recientemente, yo —explica don Arturo— admiraba aquella pintura y no quise quedarme fuera del homenaje a la belleza de la actriz. La pinté sobre una nube, y quise plasmar al mundo de entonces, puesto de cabeza por su belleza. Por esa razón las figuritas colocadas abajo aparecían todas caminando patas arriba y brincando como chapulines. A mi maestra la pinté junto a aquel caballero del cine a quien mucho estimaba. Los colores los preparó Manuel Martínez».

Otro proyecto que realizamos juntos, pero que se perdió con el paso de los años y de los gobiernos que nada estiman, iniciativa

de Frida Kahlo y de la trabajadora social Ana María Hernández, fue la decoración de la *Casa de la Madre Soltera Doña Josefa Ortiz de Domínguez*, ubicada donde hoy está el Jardín Frida Kahlo. Es importante destacar cuáles eran los motivos que inspiraban a la pintora para promover la obra popular y, de paso, ayudar a sus alumnos. El sitio todavía existe, pero no los murales, infortunadamente. Cada uno de «Los Fridos» presentó su proyecto. El maestro García Bustos explicó que las propias lavanderas que utilizaban ese lugar como su centro de trabajo, aportaron ideas para realizar los primeros esbozos. El de García Bustos —dice él— era muy triste. Ellas querían algo mas progresista y así ganó la propuesta de Monroy (Guillermo). Ésta presentaba a las lavanderas en una era más maquinizada. Aparecían ellas depositando sus ahorros comunitarios en una alcancía y, al fondo, estaban sus niños muy bien comidos y cuidados en aquella que era también su guardería.

«A esas pinturas se refirió el maestro Rivera en una conferencia en el Palacio de Bellas Artes, en la Sala Nacional. Comenzó su discurso diciendo que nosotros éramos una trilogía. Tres pintores que llevábamos los apellidos de grandes maestros del siglo pasado: Hermenegildo Bustos, José Ma. Estrada y Petronilo Monroy. Imagínense, nosotros tan jóvenes, convertidos en reencarnación de genios, por el ingenio inventivo de Diego Rivera. Sin embargo, con el discurso y la ayuda de la maestra para realizar ese proyecto benéfico, quedó manifiesta la generosidad de ambos. Diego Rivera partió de esa coincidencia y habló elogiosamente de nuestro esfuerzo por ponernos al servicio de las lavanderas. Frida —siempre tan desprendida— nos regaló las pinturas. Pintamos a la cola. En botes de lámina preparamos los pigmentos que se calentaban en la pequeña cocina que tenían para su uso las madres solteras que ahí laboraban. Fue muy interesante, una muy especial experiencia

colectiva en la que se notó el interés social de Diego Rivera y Frida Kahlo», subrayó don Arturo García Bustos.

Un tercer trabajo conseguido por el matrimonio Rivera-Kahlo para los alumnos de Frida, fue un mural en el Hotel Posada del Sol, encargo hecho a Diego Rivera, quien pidió el auxilio de «Los Fridos». El tema sugerido por el dueño para el salón de banquetes de bodas fue «El amor en la literatura». Sin embargo, el propietario del hotel no estaba al tanto de las fuentes literarias de donde estos jóvenes pintores bebían sus ideas. En aquel hotel se encontraban pintando ya dos artistas mexicanos: Andrés Sánchez Flores y Francisco Montoya. Arturo narra que «El Güero» Estrada pintó una boda en el Istmo «cuando creo que jamás había estado ahí, pero quedó muy bien». Don Arturo, por su parte, pintó unos amantes prehispánicos inspirados en unas «esculturas muy estilizadas del estado de Colima, dentro de una selva». Y Monroy realizó pinturas con motivo de la Revolución, «Adelita con los soldados». El resultado fue que el dueño del hotel se enojó mucho y los 3 frescos fueron cubiertos. La buena noticia que nos dio don Arturo es que éstos se están reconstruyendo.

Ambiente en la Casa Azul

La lealtad de «Los Fridos» con sus maestros y su labor de difusión acerca de su obra, han sido reconocidos con el paso de los años. Pero ya en los cuarentas este esfuerzo dio sus primeros frutos, cuando Frida, a causa de alguna operación, ya no pudo asistir hasta el plantel de «La Esmeralda». ¡No faltaba más!, dijeron los jóvenes, y se trasladaron a la Casa Azul de Coyoacán sin dilación. Arturo García Bustos describió aquel ambiente hogareño como «un abismo de alegría y de estímulo para el trabajo», en donde de vez en cuando aparecía por ahí la figura enorme de Diego Rivera. La morada de los Rivera-Kahlo era un mundo lleno de personas trabajando, mientras ellos compartieron el espacio del jardín con todos los animales que con esmero cuidaba Frida: monos, un cervato «Granizo», un águila, pericos y dos perros «Izcuintli», «el señor Xólotl y la señora Xolotzin», mas una jaula llena de pájaros. Todos los habitantes de aquella casa vivían inmersos en sincera cordialidad. Convivían en perfecta armonía los hijos de los sirvientes, pintores, un carpintero, químicos, artistas y hasta los miembros del Partido Comunista.

Don Arturo y doña Rina cuentan que por aquellos años, ambos participaron en la decoración del Anahuacalli (Museo Diego Rivera) pintando las bóvedas con los bocetos que les entregó Diego Rivera. Este tema dio pie para aclarar uno de tantos misterios que rodearon la vida del muralista y que tuvo que ver con una fuga forzosa de su casa-estudio. Cuando asesinaron a León Trotsky, se comenta, Diego salió huyendo para esconderse en algún sitio misterioso y evitar ser privado de la libertad, mientras se arreglaba su salida del país hacia San Francisco, CA. y se demostraba su inocencia. Arturo García Bustos relata que en El Pedregal de San Ángel vivían dos amigos entrañables de Rivera: Arturo Arámburo, ex delegado de Coyoacán, quien conseguía terrenos por ese rumbo a posibles compradores; y la periodista Magdalena Mondragón, promotora entusiasta de Diego, José Clemente Orozco y de los propios «Fridos». Entonces, el Regente del Distrito Federal era Javier Rojo Gómez, a quien también entusiasmó la idea de levantar ese Museo, que contendría la colección de figuras prehispánicas más grande de México, donadas por uno de sus pintores más famosos, al pueblo. Con la información que Arturo y su esposa poseen sobre el caso, aseguran que Diego pudo esconderse en la casa de estos personajes sin ser molestado, en especial en la de Arturo Arámburo. Coincidió en aquellas fechas, que Frida

ESTADOS UNIDOS MEXICANOS

DIRECCION GRAL. DE ADMON.
DEPTO. DE CONTROL DE PERS. Y ESCALAFON
OFICINA DE PERSONAL

EL C. PRESIDENTE DE LA REPUBLICA, en ejercicio de la facultad que le concede el Art. 89 de la Constitución Política, en su fracción II, ha tenido a bien nombrar a usted a partir de esta fecha, PROFESOR "G" DE ENSEÑANZAS VOCACIONALES C/12 HORAS SEMANARIAS DE CLASE.

Ramo   XI

Núm.   030

Exp. 1-131/96982

con adscripción a

DIREC. GRAL. ADMON.
DEPTO. CONT. PERS.
OFNA. CONT. PERS.
SECCION 4a.

con el sueldo que fija a ese empleo la partida respectiva del Presupuesto de Egresos.

Lo digo a usted para su conocimiento y fines consiguientes.

SUFRAGIO EFECTIVO. NO REELECCION.
México, D.F., a 1º. de enero de 1943.
p.O. DEL SECRETARIO.
EL OFICIAL MAYOR.

PROF. ISMAEL CABRERA MARTINEZ.

FRIEDA KHALO CALDERON
Rel.-1239.
CCL/lal.

Nombramiento oficial de Frida Kahlo.

resintió serias dificultades para trasladarse a dar sus clases y se preocupaba por estar devengando un sueldo sin cumplir cabalmente con el horario establecido: «Con la miseria que le pagarían», suspira Arturo García Bustos. Pero así y todo, los animaba para que fueran a pintar paisajes a El Pedregal.

Rina Lazo relató que el arquitecto Juan O´Gorman les había propuesto que construyeran sus estudios en la ladera del Anahuacalli para no competir con la estructura del Museo, pero ellos no tenían dinero y, además, como no había nada por escrito, temieron que los herederos reclamaran para sí la propiedad entera. «Los Fridos» fueron testigos de cómo Dolores (Olmedo) sacó de ahí al mismo Arámburo. «Pero ésa, es otra historia», comentó riendo pícaramente Rina Lazo.

También, gracias a una promoción de la pintora Kahlo Calderón, «Los Fridos» pudieron salir a Yucatán para estudiar y dibujar en las zonas arqueológicas que, por ese entonces, estaban bajo la vigilancia de Alberto Rush, el descubridor de la famosa tumba de Palenque.

Aclaraciones de Rina Lazo

La pintora Rina Lazo, alumna y auxiliar de Rivera, considera que este libro es una magnífica oportunidad para aclarar muchos de los mitos que se han entretejido alrededor de Frida Kahlo y de Diego Rivera, uno de ellos, el del aparente «lesbianismo» de la pintora. Y para mejor entender cómo nació esta historia, dejemos que ella hable:

«Para aclarar algunos puntos que se han publicado de muy mala fe, debemos comenzar por conocer cómo llegó Raquel

Tibol a México y en qué año. Yo quiero contar esto para que se sepa por qué Raquel odió a Frida. Por petición de la maestra tuvo que salir, primero, de la Casa Azul y después, del estudio del maestro.

«Raquel Tibol es argentina y llegó a México junto con el maestro Diego Rivera en el año de 1953, cuando Frida Kahlo estaba ya muy enferma. Antes de ese tiempo no la conoció, todo lo ha leído en algún libro. ¡Imagínense!, Frida que era una dama, adorada por todos ¿necesitaba tener arranques lésbicos para conseguir algún tipo de contacto físico? ¡No! Y menos de Raquel, a la cual no podía ni ver. Frida le pidió a Diego que la sacara de su casa, porque no la soportaba. Le dijo a su marido que, o se llevaba a Raquel, o ella saldría de allí. Entonces fue cuando el maestro mudó a Raquel al estudio de San Ángel, porque él no era un hombre rico, vivía al día, ¿qué iba a hacer con Raquel?»

—Y, ¿por qué tendría él que hacer algo con Raquel?

—Porque ella se «pegó» a Diego cuando él asistió a un Congreso por la Paz en Chile, organizado por el poeta Pablo Neruda. El Nobel chileno y ellos eran amigos muy cercanos.

«Raquel, que era Trotskista, sabía de la existencia de un Diego Rivera muralista y pintor famoso en todo el mundo, que había traído a Trotsky a México. Yo creo que Tibol pensó: "Es mi oportunidad para irme a México". Se dirigió a él, precisamente por ser, según ella, millonario, pero —nótese la información que Tibol manejaba— ya Diego ni era Trotskista ni rico. Sin embargo, el maestro era un hombre de modales amables, toda la vida lo fue. Se le acercó una señora joven y le pidió: "Lléveme a México" y él seguramente le contestó: "pues véngase", ¿verdad? Así llegaron al país. Conociendo a mi maestro, en cuanto se vio aquí ha de

haber pensado: "Ahora ¿qué hago con ésta?" Y le ofreció su casa para que estuviera cerca de Frida, porque a él le preocupaba mucho su salud y buscaba que su esposa tuviera compañía. Pero a Frida nunca le resultó simpática.

«Ya instalada en el estudio de Diego, él no halló qué hacer con ella. En ese tiempo iba por allá una pintora muy buena, Zulamita, de cuyo apellido no me acuerdo. Ella era judía, hija de un judío rico y tenía un muy buen apartamento en Polanco. Viendo la oportunidad de alejarla de allí sin dejarla a su suerte, le dijo a Zuly: "Raquel está sola... (todavía no se casaba), llévatela a tu apartamento y se acompañan las dos. Son más o menos de la misma edad, las dos son judías; oye, pues se van a llevar muy bien". Y así fue como se salió del estudio. Más adelante Zulami se fue a Europa y le dejó su casa —todavía hoy día vive ahí Raquel— con sus muebles y todo, y cuando regresó de Europa resulta que ya no pudo sacar a Raquel. Se quedó ahí hasta la fecha, en casa de Zulamita, no sé si era propiedad o estaba rentado. Es triste, pero es la verdad; decir la verdad no es pecado».

Desde el punto de vista de Rina, quien hizo en realidad la primera investigación seria sobre Frida fue Hayden Herrera, quien no estaba ni a favor ni en contra de Frida, porque ella era una investigadora norteamericana, es decir, ajena a los chismes de México, que decidió hacer su tesis sobre Frida Kahlo. Esta biógrafa de Frida se casó con un guatemalteco, no era latina pero hablaba muy bien el español. Viajó a México, y durante 5 años se dedicó a investigar y a entrevistar a toda la gente que conoció a Frida Kahlo; así es como ella hace su libro. De éste —opinó la pintora— han salido casi todos los demás. «Pero Raquel es la que más insiste en que la maestra era lesbiana; y también dijo que se volvió drogadicta, porque la conoció cuando ya Frida estaba tan mal y requería de morfina

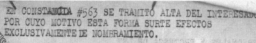

EN CONSTANCIA #563 SE TRAMITÓ ALTA DEL INTERESADO POR CUYO MOTIVO ESTA FORMA SURTE EFECTOS EXCLUSIVAMENTE DE NOMBRAMIENTO.

NUM. 563

CONSTANCIA de nombramiento que expide el Ejecutivo, en ejercicio de la facultad que le concede el Art. 89 de la Constitución Política, en su fracción II.

PODER EJECUTIVO FEDERAL.

DEPENDENCIA: SECRETARIA DE EDUCACION PUBLICA.

Nombre: FRIEDA KHALO CALDERON.

Categoría: Prof. "A" Ens. Voc. c/10 hrs. semns. de cl.

Adscripción: DETO. ART. PLASEICAS.
SECCION ENZA. INIC. ARTISTICA.

Clave (Núm. de orden del empleado). 96

Sueldo: $270.00

Sueldo suplementario:

DIRECCION GRAL. DE ADMON.
DEPTO. DE CONTROL DE PERS. Y ESCALAFON
OFICINA DE PERSONAL

Ramo
XI.
Expediente: 1/131/
DIR. GRAL. ADMON.
DEPTO. DE PERSONAL
SECCION CUARTA.

Partida del sueldo: 11112009.5

Partida del sueldo suplementario:

Fecha de toma de posesión: 1o. de enero de 1945

96902

En sustitución de: PLAZA VACANTE

Oficina Pagadora: Depto. de Pago de Sueldos.
TESORERIA DE LA FEDERACION

Empleo anterior: Prof. "B" de Ens. Voc. c/11 hrs.

Clave empleo anterior: 11112009. /1581

Oficina Pagadora anterior: Depto. de Pago de Sueldos.

Oficio de Autorización:

Se expide el nombramiento en los términos arriba señalados.

SUFRAGIO EFECTIVO. NO REELECCION.

México, D. F., a 20. de enero de 1945.
P.A. DEL OFICIAL MAYOR.
EL JEFE DEL DEPTO. DE PERSONAL.

Manuel Herrera Aguilar.

Se autoriza para su pago a partir de la fecha de toma de posesión.

México, D. F., a
El Director de Egresos.

MG/lav

Nombramiento ante la SEP, donde consta que Frida ganaba 270 pesos.

para calmar sus dolores, pero siempre por prescripción médica. Raquel voltea los hechos y afirma que Frida pedía que le inyectaran más medicamento que el límite prescrito, como si fuera una usuaria, como otros que se envenenan por gusto. Malinterpreta las cosas, pero a propósito. Alguien que tiene dolor y pide que le inyecten, es un enfermo que demanda: "dame medicina", y no por eso quiere decir que sea drogadicta voluntaria y de años. Mañosamente la quieren hacer pasar como tal, quizás para el cine, para vender más las películas y los libros, para estimular al público con la cuestión morbosa de las drogas».

«Sería muy ingenuo de mi parte negar que le aplicaron ese medicamento, pero sólo fue para paliar los dolores generados por sus trastornos de columna, que se sabe es una de las cuestiones más dolorosas que pueda sentir una persona. Claro también puede sobrevenir adicción por el uso continuo, pero ¿cómo no iba a pedirla si tenía la columna rota?». Nosotros —subrayó Rina Lazo— la conocimos bastantes años, la amistad no fue de un día ni de dos, y Frida no era como la están describiendo ahora. Por eso también yo afirmo que Raquel ha fomentado mucho esa imagen pues la conoció en el último año de su vida. Y lo mismo sucede cuando describe el cuerpo de Frida lleno de moretes y costras. Sin embargo, ese estado de postración ya fue lo último. No crean que toda su vida la mujer fue así; el último año de vida para Frida sí fue terrible, no voy a negarlo. Más conocer a un enfermo en el lecho de muerte, no es conocer a la persona completa; ella no conoció a esa Frida que nosotros sí tratamos a diario, llena de vida, positiva, siempre pujante. A mí no me tocó verla en silla de ruedas, o quizá alguna vez. Cuando ella murió yo estaba en mi país, Guatemala. Aquella imagen de ella en silla de ruedas, resulta muy plástica para las películas, muy vendible. Pero es falsa.

—¿Igual que el romance de Frida Kahlo con León Trotsky? Don Arturo, ¿conoció usted de boca de Diego Rivera la causa real del rompimiento entre Rivera y la Cuarta Internacional?

—¡Claro!, eso se discutió en el seno del Partido. Los maestros rompieron con el trostkismo porque se dieron cuenta, con el tiempo, de que esta desviación había dividido al movimiento socialista mundial. El Partido Comunista, al que ellos pretendieron regresar muchas veces, era tremendamente estalinista. Y me acuerdo que pintábamos muy contentos todos, en medio de aquella ola de admiración a Stalin, incluso en los días del pacto ruso-alemán que nos desconcertó mucho. Pero Leopoldo Méndez nos explicaba que era una medida estratégica para preparar armamento; o sea, mediante ese pacto, Stalin pretendía ganar tiempo. Del romance, nada supo el maestro Rivera. Incluso yo escuché a la maestra hablar en contra de Trotsky, de su estrategia, especialmente. No obstante, le dolió mucho la forma en que murió el revolucionario ruso.

Las dos películas que se realizaron sobre la vida y obra de Frida Kahlo, opinan los entrevistados, son parciales. En la primera, la actriz Ofelia Medina realizó una actuación de primera línea, «impresionante, bien cuidado el personaje»; sin embargo, «presentar a Diego Rivera como un patán, es un error pues los realizadores pecaron de parciales». Comenta Rina Lazo que jamás ha visto a una persona tratar con más amor a su esposa. En la segunda —estelarizada por Salma Hayek— se desvirtuó todo el ambiente de fiesta y regocijo que vivieron en aquella época, quienes creían que el socialismo triunfaría sin más, pues a ese propósito estaban los comunistas de entonces dedicados de tiempo completo. Prueba de ello es que Frida Kahlo, reponiéndose apenas de sus dolencias,

asistió a un mitin en apoyo al depuesto presidente guatemalteco Jacobo Arbenz Guzmán. La alegría y el vértigo de los artistas —explican— era sincero; sin embargo, «no vivíamos en una orgía de sexo y alcohol», como se presentó en la cinta de Salma.

Conociendo a Frida y a Rivera

Rina Lazo cuenta que llegó de su natal Guatemala en el año de 1947 y de inmediato se incorporó al grupo de ayudantes del maestro Rivera. En ese colectivo conoció a su esposo, Arturo García Bustos, quien por recomendación de Diego fue ayudante de José Clemente Orozco. Para comenzar —interrumpió Rina— quiero atacar otro mito en torno a Diego Rivera: «No era el monstruo sexual que el sensacionalismo construyó de él; no he conocido un hombre más caballeroso, gentil y genial que Diego Rivera». El genio —agregó Rina— es un atractivo muy fuerte. Pero Diego le confesó a sus ayudantes que desde su viaje a Rusia los médicos le habían detectado un cáncer que él definía como «incurable». «Un día entró muy serio a donde estábamos pintando (el mural del Hotel del Prado) y nos dijo: «Quiero que sepan que yo ya no tengo erección; así que ¡a trabajar!». Imaginen la escena —subrayó Rina—, me quedé fría. ¿Quién le estaba preguntando algo sobre sus intimidades? Pero, narran que así era él, listo para aprovechar cualquier instante y escandalizar con sus declaraciones.

Un medio día cualquiera del año 47, el maestro invitó a Rina a la Casa Azul, a comer. Ésa fue la tarde en que conoció a Frida Kahlo: «Ella estaba parada frente al fogón, con su peinado característico, adornada con flores y su traje típico. Era como un cuadro, bellísima, alegre, esperando a su marido que le había

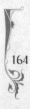

avisado que llegaría a comer con ella. No usaba muletas, ni bastón. Al principio se quedó mirándome un poco seria, pero de inmediato Rivera le dijo que yo era una estudiante recién llegada de Guatemala y que lo estaba ayudando en sus murales del Centro. Su actitud cambió de inmediato. Nos sentamos en el jardín junto con ella, Frida se desvivió en atenciones. La comida estaba picante y yo me ahogaba. Diego rió y me dijo: «Pues tiene que aprender a comer chile, porque de lo contrario, no va a poder pintar bien». Y ¡claro!, el maestro se refería al hecho de asimilar por completo la cultura mexicana, comenzando por su gastronomía. Terminada la comida, regresamos al Hotel del Prado en aquella camioneta destartalada en la que él se movía, decorada con madera a los flancos.

Otra imprecisión histórica —explica Rina Lazo— es lo acontecido con el escándalo de los frescos de aquel hotel. Como llegué de Guatemala a trabajar allí, puedo contar cómo fue y por qué se mandó cerrar el mural. Comenzamos con los motivos, de arriba hacia abajo y de izquierda a derecha —que es como se pinta al fresco— y con las escenas de la inquisición. El maestro decía que pondría mucha sangre en ellos para que *los gringos*, cuando estuvieran comiendo sus filetes *«medium red»* sintieran con la vista la sangre que deglutían. Un día, cuando estábamos en la figura del Nigromante, a Diego se le ocurrió pintar el letrero famoso: «Dios no existe». La gente entraba y salía y no pasaba nada. Pero al final pintó al presidente (Alemán) y al expresidente Ávila Camacho junto a Margarita Richardi con un fajo de billetes. Las caras de los políticos estaban combinadas, pero el retrato se parecía mucho al que entonces era el Jefe del Ejecutivo federal. Por eso lo cubrieron, no por la leyenda que a nadie le había interesado especialmente. La prensa recibió "línea", les dijeron qué publicar, remató Rina Lazo.

Últimos meses

Rina Lazo y Arturo García Bustos, coinciden en señalar que, otra falacia, es que Diego Rivera no llegara a dormir a su casa por andar en amoríos nocturnos. Su ritmo de trabajo agotaba a todos sus ayudantes, pues era capaz de pintar (a finales de los cuarentas) dos días seguidos; y eso, lo sabía muy bien Frida, aunque se preocupaba constantemente por su salud. Rivera, según relataron Rina y Arturo, comenzó a quedarse en el estudio de San Ángel sólo después de que ella murió, «quizá porque le daba tristeza regresar a la Casa Azul de Coyoacán». Luego vendrían la idea de crear un Museo de Frida y su nuevo matrimonio con Emma Hurtado, a quien Frida calificaba de «La Hurtadora».

Diego es ya una figura internacional.

Emma Hurtado había puesto una galería (1946) y se dedicaba a promover la obra de Diego, quien vivía y sostenía su casa con la venta de sus cuadros. Emma también trabajaba en la revista «*This Week*» a través de la cual también ofrecía los cuadros del muralista. Sin embargo, en esos años Diego Rivera ya no requería de promoción. En la opinión de Rina y de

Arturo, Rivera, además de estar solo, se volvió dependiente de Emma, que era «muy buena negociante». Su talante de mujer hombruna, le facilitaba andar de arriba a abajo con Diego; fungía como su vendedora, su chofer, su guardaespaldas, etc. Y cuando el maestro no tenía dinero para pagar los sueldos de los trabajadores del Anahuacalli, ella le prestaba. De los Rivera-Kahlo dependía mucha gente: Sirvientes, albañiles, ayudantes, su chofer «el general»; Chucho, el mozo de toda la vida y hasta químicos y estucadores. Pero aquellos eran préstamos muy relativos, porque Diego le pagaba con cuadros que valían muchísimo más de lo que él recibía de ella en "préstamo". «Cuando me avisó que se casaba con Emma, yo de plano le dije: "Pero maestro, ¿por qué con esa mujer tan fea?"». Él, sólo sonrió muy triste.

A la pregunta de *si su maestro se habría desplomado emocionalmente tras la muerte de Frida Kahlo,* ambos respondieron que sin duda. «Si ella hubiera seguido viviendo, él no se habría muerto en tan corto tiempo. Frida Kahlo era su vida».

Como contraste entre dos grandes maestros del muralismo mexicano, Siqueiros y Rivera, y para que los lectores aprecien el clima de alegría y libertad que cultivó el matrimonio Rivera-Kahlo, Arturo García Bustos narró lo siguiente:

«Bromeábamos, entonces, diciendo que David Alfaro Siqueiros era como una isla impenetrable rodeada de arenales; es decir, de la familia Arenal. El maestro Rivera solía advertir que "los hombres se enamoran de la mujer que tienen más cerca". Tal vez Angélica (Arenal) así lo creyó y entonces rodeó a Siqueiros con sus hermanos; uno, que era pintor y otro, que no lo era. Nada más a su sobrina le permitió ingresar al cuerpo de ayudantes de su marido».

Diego, el apasionado

— Rina, discúlpeme. Es imposible negar la fama amorosa de Diego Rivera.

— Mire, le voy a revelar una cosa. A Diego le encantaba esparcir ese rumor. Cuando íbamos a la Embajada Rusa los 7 de noviembre, con Arturo, él me decía: «A ver, tómeme del brazo, porque al cruzar esa puerta usted y yo estaremos casados». De mí se llegó a decir que era su amor, y ¡para nada! Al morir Frida (yo regresé de un viaje a Guatemala en 1954) él me llevó un día a la Casa Azul y sacando un pequeño joyerito me pidió que eligiera un anillo como recuerdo. A mí me dio mucha pena. ¡Cómo maestro!, déme el que usted quiera. Eligió un zafiro con circonios, porque dijo que azul y blanco eran los colores de la bandera guatemalteca. Por cierto, al reducirlo de tamaño me robaron la piedra en una joyería ubicada en la calle de Madero. Le conté a Diego, me regañó, pero fue conmigo, con todo y prensa —otra vez el escándalo— a reclamar al dueño el hurto. En lugar de eso sacaron la noticia de que Diego, recién viudo, regalaba anillos de Frida a sus amores. Yo me enojé mucho por ambas situaciones, pero él me consoló diciéndome que no me preocupara, que ese anillo tenía muy mala suerte, por que «perteneció a la emperatriz Carlota, que murió loca», y se echó a reír. En fin, lo que sí vi fue a dos mujeres perdidamente enamoradas de Diego Rivera. Una de ellas era una japonesa (Zuki) que llegaba a verlo y llenaba el estudio de pasteles. El maestro no podía comérselos, pero nosotros, felices los devorábamos. Se metían por ahí a un cuartito, pero no se piense que a hacer escenas de película; nada más descansaba unos minutos recostado junto a ella. El romance terminó cuando el marido de ella se dio cuenta y regresaron juntos a Estados Unidos. Otra mujer que perdió el juicio por Diego fue Machila Armida. Eso fue más trágico. Ella abandonó al marido que era aristócrata, dejó su casa —que ahora es la Casa de Cultura Reyes Heroles— y sacó de ahí nada más a su hija. Le decía a Diego: «Me voy a vivir contigo». Pero el maestro no necesitaba a ninguna mujer cerca de él; necesitaba, sí, todo el tiempo que le quedara libre para trabajar. Recuerden que él decía que ya se iba a morir. Finalmente, Diego presentó una exposición de sus trabajos artesanales y Machila terminó siendo la pareja de Benítez, el escritor.

Frida, el amor

Arturo García Bustos está convencido de que Frida, más allá de sus deseos, era una mujer que inspiraba profundo amor en quienes la conocieron y trataron. Una de las relaciones más controvertidas fue la que existió entre el poeta Carlos Pellicer y la pintora. Arturo describe al enorme bardo tabasqueño como un ser exquisito, culto, sensible «y si era homosexual, no se le notaba, ni nos importaba». Carlos fue amigo de Frida desde que ella estudió en la Preparatoria y ambos cultivaron un amor «más allá de cuestiones sexuales» inspirado en la comprensión, el amor por el arte y la admiración mutua. Lo sostengo —enfatizó Arturo— Frida inspiraba amor y nosotros la adorábamos. Rina completó este pasaje diciendo que Diego Rivera aconsejaba a todos los que querían oírlo que, «al escribir cualquier carta, redactaran la misma como si amaran al destinatario», así, nada podría fallar. «Tal vez lo mismo le aconsejó a Frida. Aunque, también me constó ver un amor muy grande entre Ignacio Aguirre y Frida Kahlo. Un amor profundo, no como ésos de película», remató Rina.

*— Y ¿qué hay de las lesbianas que supuestamente rodearon
a Frida?*

— Bueno, sí, había tres que yo recuerdo —afirmó Rina Lazo—
dos de ellas eran pareja: Teresa Proenza y Elena Vázquez
Gómez. Teresa cuidaba de Frida cuando ya se vio muy mal. Ella
trabajó con Diego como su secretaria, y Elena fue hija de un
general revolucionario, ambas mujeres eran muy serias y formales.
Vázquez Gómez acudía al estudio de Diego a hablar de política
y para entretenerlo. Pero a él no se le iba oportunidad alguna
para hacer bromas a nuestra costa. Me decía: «Ya sé que Elena
no viene por mí, aunque lo diga; viene por usted. Ya vi los besos
que le da». Y lo mismo nos contaba de su ascendencia china,
judía y negra, que afirmaba haber comido carne humana. Recuerdo
también que cuando Diego enfermó de los riñones y no podía
estar al pendiente de Frida, llegó a la Casa Azul una correligionaria
comunista costarricense que fungió como su enfermera. Se hizo
gran amiga de la maestra y estuvo con ella casi hasta que murió.
Se llamó Judith Ferrero. (Nota de la E. Se mencionó también a
Maty Mallés como enfermera de Frida) Ellas fueron las tres
únicas mujeres con preferencia sexual distinta a la nuestra que
conocí y que estuvieron cerca de Frida Kahlo. Ni una más. Dos
de ellas eran pareja, la otra, fue enfermera durante los meses
más difíciles de Frida, quien no estaba para ejercicios sexuales.
¡Por favor!, que ya no inventen, como solía expresar la maestra
con malas palabras, pero con toda propiedad.

El testimonio de estos dos pintores tan cercanos a la vida y
obra de Diego Rivera y Frida Kahlo, no deja lugar a sospechas.
La pasión de Frida por la vida no decayó jamás. Arturo García
Bustos relató que él llegó de Guatemala una semana antes de
su muerte y la encontró decaída de fuerzas, pero lúcida de
mente y positiva de ánimo. En una ocasión, ella estaba llorando

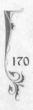

porque se había caído y temía que «Dieguito» fuera a regañarla por no hacer caso de los consejos de sus médicos. Éstos le habían recomendado enfáticamente que no intentara caminar con la prótesis, sin ayudarse de sus muletas o de un bastón. Pero era tal su entusiasmo por dominarla que no hizo caso y se fue al piso. «Una mujer que está pensando en la muerte o en el suicidio

Frida es llamada por el corzo, como maestra de la Esmeralda

—completó Rina Lazo— no hace eso: «Ponerse a llorar porque quiso ir demasiado aprisa en su recuperación». Ella piensa que quien afirme que Frida Kahlo cometió suicidio al final de su existencia, es decir, que claudicó de su pasión a la vida, no sabe de qué está hablando; no la conoció profundamente.

— ¿Conocen ustedes un cuadro de Frida con los ojos cerrados? En el libro de Hayden Herrera se consigna la existencia de ese cuadro, aunque —afirma— se desconoce su destino.

— No, responden los maestros.

— Creemos que nunca se ha visto ese óleo.

— Así es —coinciden ambos pintores—, y sería magnífico que saliera a la luz en este Cincuentenario; quizás sea una pintura o un apunte que hizo para otro cuadro similar, donde está en su cama, con un «judas» sobre el dosel y van los dos entre nubes («El sueño», 1940).

— Pues éste es uno de los regalos que se hará para el pueblo mexicano, un pequeño lienzo a cada lector o lectora que adquiera este armario de recuerdos.

— ¡Fantástico! Hasta para nosotros será una enorme sorpresa.

Don Arturo estuvo diariamente en la casa de Frida antes de que ella muriera, por el lapso de una semana. Una tarde coincidió con el poeta Carlos Pellicer y con Teresa Proenza. Ésta le había llevado a Frida el anillo que le pidió como un regalo para su esposo por su aniversario, próximo a cumplirse. Como un obsequio más para celebrar aquellas Bodas de Plata, Pellicer compuso un soneto magistral a ese anillo, basado en el cero maya. La maestra —continuó Arturo— estaba exaltada y feliz con todo lo que estaba aconteciendo, porque también iba a celebrar su cumpleaños al día siguiente (6 de julio). Incluso Frida rió de muy buena gana cuando Arturo platicó que, en Guatemala, había intentado declamar uno de los poemas de Pellicer mientras estaba en un huerto. De pie ante la concurrencia, sólo alcanzó a decir: «Gracias, ¡oh trópico!», cuando un mango se soltó de su rama y le dio en la cabeza.

Rina Lazo desmintió también a quienes aseveran que Diego Rivera no dormía ya en la Casa Azul de Coyoacán, en primer lugar, porque fue testigo de la devoción y los cuidados que le prodigaba Diego; en segundo lugar, por la presencia de Arturo, su esposo, junto a su maestra, y en tercero, por el relato que le hizo a ella misma «Manolo», el ayudante de Diego Rivera, cuando ella volvió de Guatemala.

«Lo que supe en torno a la muerte de Frida Kahlo, me lo contó Manuel Martínez. Me dijo claramente que Frida había amanecido tirada en el baño y que él la encontró así. Señaló que, de inmediato, se dirigió a la recámara del maestro Rivera, ubicada al lado del cubo de la escalera donde están los retablos. Como pudo, le dio la noticia: «Maestro, se murió la niña Fridita». Diego Rivera se puso lívido. Sin perder el mínimo control de que era capaz, con pasos muy lentos, fue vistiéndose y se calzó sus viejas botas mineras de siempre; subió a ver a Frida». Lo anterior, afirma la pintora, que sirva para desmentir a quien diga que Frida murió sola y que Diego Rivera ya no se quedaba a dormir en su casa.

Cuando recibió la noticia del fallecimiento de su querida amiga y mentora, Arturo García Bustos se encontraba en la sede del Partido Comunista. «Dionisio me dio la noticia; "ya se murió tu maestra", dijo solemne. Fue tremendo para mí. Le pedí que me prestara la bandera (del PC), me dirigí a Bellas Artes y encontré ahí a Diego Rivera que estaba visiblemente destrozado. Aun así, me acerqué para comunicarle que había traído conmigo aquel objeto. Le pedí su permiso para colocarlo sobre el féretro de Frida. Después se armó el escándalo y hasta dijeron en la prensa que habíamos acomodado encima del ataúd la bandera rusa. Eso no es cierto. Lo que sí, es que el pobre de Andrés Iduarte —entonces director del INBA— perdió su trabajo. Años después le confesé que yo había sido el de la idea. "Qué bueno —respondió— me alegro".

El Museo y la Fundación Frida Kahlo fueron creados, a iniciativa de Diego Rivera por Carlos Pellicer, doña Eulalia Guzmán y el propio maestro Diego Rivera. Don Arturo García Bustos afirmó haber acompañado al muralista a la Casa Azul cuando él colocó el corsé de yeso sobre la cama, el mismo que

«Los Fridos» ayudaron a decorar con pequeñas pinturas y calcomanías que le llevaban hasta su lecho de enferma, explicaba Frida, «para echar relajo». Ese mismo día «en el burocito al lado de la cama, colocó Diego la credencial de Frida Kahlo la cual contenía sus datos de afiliación al PC. Esa credencial estuvo ahí muchos años y de pronto desapareció. Le reclamé a Dolores (Olmedo) y me dijo: "No es cierto, yo no lo vi". Desapareció, como muchas otras cosas que pertenecieron al famoso matrimonio. Pero —como dijo mi esposa— ésta, es otra historia, otra historia.

«En la saliva
en el papel
en el eclipse
En todas las líneas
En todos los colores
en todas las jarras
En mi pecho
por fuera, por dentro
en el tintero, en la dificultad de escribir
En la maravilla de mis ojos
en las últimas lunas del sol (pero el sol no tiene lunas)
en todo, y decir todo es estúpido y magnífico. DIEGO
en mi orina, DIEGO
en mi boca
en mi corazón
en mi locura, en mi sueño
en el papel secante
en la punta de la pluma, en los lápices de colores
en los paisajes
en la comida
en el metal
en la imaginación
en las enfermedades
en las vitrinas, en sus mañas, en sus ojos
en su boca, en sus mentiras. DIEGO»

Frida Kahlo

Diario
(cita Hayden Herrera)

175

VII

LA PARTIDA

«La vida es un gran relajo»(*)

Nota del editor: Sobre las circunstancias que rodearon la muerte de Frida Kahlo y Calderón, se han publicado diferentes y contradictorias versiones. Retomamos aquí algunas de ellas para dar al lector un marco conceptual amplio sobre las más importantes, teniendo en cuenta las fuentes de las que provienen. Después citaremos el testimonio de la señora Isolda P. Kahlo, que en adelante, prevalecerá.

Bertram D. Wolfe, biógrafo de Diego Rivera, explica en su libro que, no obstante la decadencia física de Frida, en su lecho de dolor seguía prodigando alegría a quienes iban a visitarla. Sin embargo, su declinar comenzó desde el momento en que le amputaron la pierna, a causa de la gangrena. El buen ánimo de la pintora mexicana se tornó en estupor o bien accesos de ira. El día de su cumpleaños (7 de julio) compartió risas y canciones con los amigos que fueron a su casa a felicitarla. Y el día 13 a las tres de la madrugada, «la hora favorita de la muerte», expiró, redactó Wolfe.

Wolfe citó también la nota de un reportero del periódico *Excélsior* que llegó como muchos otros hasta la Casa Azul de

---

(*) Frase que Frida Kahlo pronunció ante Bertram D. Wolfe, biógrafo de Diego Rivera, en 1953.

Coyoacán, con el fin de «cubrir» la noticia del fallecimiento de *Frida Kahlo. Dicho reportero afirmó haber encontrado a Diego Rivera junto al lecho de su esposa, completamente abatido. El mismo Rivera narró que estando ya completamente vestido y trabajando en su estudio, entró Manuel Martínez, su fiel ayudante y le dijo: «Señor, murió la niña Frida». El periodista intentó preguntar más detalles al desesperado viudo y escribió que Rivera lo cortó de tajo diciéndole: «Le ruego que no pregunte nada» y volvió el rostro hacia la pared. Ella Paresce, quien había llegado a primera hora hasta la recámara de Frida, envió una nota a Bertram Wolfe para comunicarle que el muralista mexicano, tras la muerte de su esposa, había envejecido en unos cuantos minutos y que se miraba «pálido y feo».*

Hayden Herrera, en «Frida: Una biografía de Frida Kahlo», cita la nota que Frida registrara en su diario, pocos días antes de su muerte:

«... Por regla general come en el estudio. Oswaldo le lleva la comida. Yo como sola. En la noche no lo veo, porque llega muy tarde. Tomo mis pastillas y nunca lo veo, jamás está conmigo, y es un horror, y no le gusta que fume, no le gusta que duerma, hace tanto escándalo por todo que despierta a todo el mundo. Necesita su libertad, y la tiene».

Frida Kahlo - Diario

También en la biografía escrita por Hayden Herrera, pueden leerse otros testimonios acerca de la última etapa de la enfermedad de Frida, que completan el paisaje oscuro de esos días previos a

su fallecimiento. Por ejemplo, la escritora Raquel Tibol contó que una tarde llegó Diego del trabajo muy cansado. No tenía hambre. Ambos se encontraron en la sala donde Diego «empezó a llorar como un niño». Le dijo literalmente: «Si tuviera valor la mataría. No soporto ver cómo sufre».

En el mismo libro, podemos encontrar un incidente ocurrido mientras visitaban la Casa Azul el poeta Carlos Pellicer y Adelina Zendejas (amiga de Frida desde la Preparatoria). Frida estaba muy molesta y arrojó una botella de vidrio contra la cabeza de Rivera, quien apenas alcanzó a esquivar el golpe. El ruido hizo reaccionar a Frida quien se puso a llorar: «¿Por qué he hecho esto? Díganme, ¿por qué hice eso? Si sigo así, ¡prefiero morir!». Después de la comida, Rivera encaminó a su casa a Adelina y ella afirmó que en el trayecto el muralista le dijo: «Debo mandarla a un asilo. Tengo que internarla. No es posible seguir así». Hayden Herrera consigna en este libro biográfico que todos, excepción hecha de Cristina, la dejaron sola, lo que es inexacto, como puede comprobarse a través de la lectura de las memorias de doña Isolda Pinedo Kahlo. Muchos amigos se quedaron fieles junto a la pintora hasta un día antes de su muerte.

Loló de la Torriente recordó que el último periodo de su relación con Diego fue un trato casi «inconsciente». Pasaba de la tranquilidad y el silencio, a estados de agitación y furia. Los medicamentos, si bien paliaban un poco el dolor, causaban en ella los temidos efectos secundarios previsibles, sobre todo por la cantidad de tiempo que los usó. Por esos días Frida le rogaba a Diego, o a algunas de sus amistades vía telefónica, que se le consiguiera más medicamento, o bien exigía que fueran a visitarla. La alegría que le provocaban las visitas desapareció para dar paso a la intolerancia, narraron su enfermera Judith, y su amiga

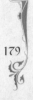

Mariana Morillo Safa, la niña que pintó con traje de tehuana. Un cambio muy especial en su personalidad fue que, al final, ya no toleró la presencia de los niños en su casa. Utilizaba su bastón para hacerse oír y obedecer, lo blandía o arrojaba objetos gritando: «¡Dejen de molestarme! ¡Paz!»

Aun así, volvió a pintar en la primavera de 1954. La cercanía de sus Bodas de Plata con Diego le infundió nuevos bríos. Encargó un anillo de oro que le regaló a su esposo antes de morir. El 2 de julio, haciendo caso omiso al consejo de sus médicos, salió de su casa para acudir en silla de ruedas a un mitin en contra del general guatemalteco Castillo Armas, quien había depuesto del cargo de presidente a Jacobo Arbenz. Como llovió aquella tarde en el trayecto de la Plaza de Santo Domingo al Zócalo, Frida contrajo pulmonía. En una de las últimas páginas de su diario se lee: «Muertes en relajo», al lado de un dibujo que representa unos esqueletos disfrazados, al modo de Guadalupe Posada.

A Manuel González, uno de «Los cachuchas», quien fue a verla por esos días, le pidió que la incineraran, pues no quería pasar más tiempo recostada boca arriba, ni estando muerta. Y un día antes de su cumpleaños pidió a su amiga Teresa Proenza (secretaria de Diego y militante del PC) que le cantara «Las mañanitas». Se hizo una fiesta el día 7 de julio cuando Frida cumplió 47 años, a la que asistieron «más de cien invitados».

UNA GRAN PERDIDA para las artes plás-ticas de nuestro país ha sido la muerte reciente de Frida Khalo pintora magnífica, esposa de Diego Rivera.

Luego dibujaría caóticas figuras en su diario con la leyenda: «Espero alegre la salida... y espero no volver jamás... Frida».

La versión que Diego Rivera consignó en su diario (citado por Bertram D. Wolfe) fue que, la noche anterior a su muerte (12 de julio de 1954) Frida estaba ya muy grave: «Me quedé junto a su cama hasta las dos y media de la mañana. A las cuatro se quejó de un severo malestar. Cuando un médico llegó al amanecer, descubrió que había muerto un poco antes, de una embolia pulmonar.

«Cuando entré a su cuarto para verla, escribió Diego en sus memorias, su rostro estaba tranquilo y parecía más bello que nunca. La noche anterior me dio un anillo, que compró como regalo para nuestro vigésimo quinto aniversario, para el cual todavía faltaban diecisiete días. Le pregunté por qué me lo estaba dando tan pronto y contestó: "Porque siento que te voy a dejar dentro de muy poco".

«No obstante, a pesar de saber que iba a morir, ha de haber luchado por la vida. De otra forma, ¿por qué se vio obligada la muerte a sorprenderla quitándole el aliento mientras dormía?»

Hayden Herrera sostiene que algunos sospecharon de un suicidio. Otros «creen que Frida murió de una sobredosis de drogas que puede, o no, haber sido accidental», porque los dolores se habían hecho insoportables para ella. Otra de sus enfermeras, la señora Mayet, había vuelto a su lado, puesto que Judith en entrevista con la biógrafa Hayden Herrera confesó haber reñido con ella porque «ya no se dejaba ayudar». Por ella se sabe que efectivamente, el doctor Velasco y Polo, acudió la noche del doce de junio y le advirtió a Diego sobre la gravedad de Frida. A partir de este momento surge otra versión de la historia.

Se dice (biografía, Hayden Herrera) que Diego, convencido de que su mujer dormía, se marchó a hacer lo propio al

estudio de San Ángel. A las cuatro de la madrugada, Frida se quejó de terribles dolores y la señora Mayet se paró de su cama y fue a verla, alisó las sábanas y esperó hasta que Frida volvió a quedarse tranquila. «Todavía no amanecía cuando oí tocar la puerta. Camino a abrirla, pasé por la cama de Frida quien tenía los ojos abiertos y fijos». Llamó por teléfono a Manuel, ayudante de Rivera, y le contó la noticia. Manuel, a su vez, despertó a su patrón: «Señor, murió la niña Frida». Más adelante, en el libro citado se lee que, el doctor Velasco y Polo le negó a Diego Rivera el certificado de defunción.

> **Los detalles alrededor de las múltiples versiones sobre la muerte de Frida Kahlo resultan contradictorios y —a la vez— indicativos, sobre todo viniendo de personas que estuvieron tan cerca de ella o que conocieron de primera mano los hechos.**

Existe otro testimonio interesantísimo consignado por la escritora Elena Poniatowska, en el tomo II de su libro «Todo México». Se trata de una plática muy bien perfilada, sostenida con la fotógrafa Dolores Álvarez Bravo. En ésta encontramos que quien primero tuvo la idea de hacer una película sobre la relación de su amiga la pintora con la muerte, fue precisamente Lola. «El problema era que cada día que íbamos a empezar a filmar, Frida se ponía muy mala». Al llegar al pasaje de la muerte de Frida, Dolores precisa que fueron ella y Ruth (hija de Diego y Lupe Marín) quienes la estaban vistiendo. Llegó Diego y les ordenó que le pusieran todas sus joyas «Quiero que se las lleve», pero al buscar en los cajones no pudieron encontrar cosa alguna. «Diego se encendió en cólera —narró a Elena Poniatowska, Álvarez Bravo— y pasó de la pieza en donde la estábamos vistiendo, a la otra y casi se azotaba contra las paredes y se jalaba los cabellos de coraje y repetía: "¿Quiénes son los desgraciados que se han llevado lo de Frida?". Hasta que Ruth me dijo: "¡Ay doña Lola,

calme a mi papá, cálmelo usted, mire nada más cómo está; y ahorita voy yo por mis cosas!". Se trajo Ruth sus alhajas y la cubrimos de collares, anillos y aretes, prendedores que Frida se llevó a la tumba sin ser suyos. Cuando Diego ya la vio arreglada empezó a calmarse». Como se verá en el párrafo siguiente, esta afirmación de Lola, la amiga que preparó la exposición completa de Frida Kahlo, acerca de que la pintora se llevó puestas joyas ajenas, no es del todo cierta.

Berenice Kolko relató haber llegado a la Casa Azul al medio día del 13 de julio. Diego estaba encerrado en su cuarto y Cristina la recibió diciéndole: «Hemos perdido a nuestra Frida». A las seis y media de la tarde, se retiraron del cuerpo de Frida «todas las joyas, con excepción de los anillos, un collar de Tehuantepec y unas cuentas baratas y brillantes». El cortejo salió rumbo a Bellas Artes y Diego viajó solo con su chofer, porque no soportaba a nadie cerca de él... Ya en Bellas Artes Diego estuvo junto al ataúd gris, muy intranquilo. Le había pedido un certificado de muerte al doctor Velasco y Polo, para poder incinerar el cadáver de Frida, pero éste se lo negó, aparentemente por razones legalistas. Diego lo obtuvo de su amigo y antiguo cuñado, el doctor Marín (Federico), con quien insistió en que Frida aún estaba viva, por lo que le practicaron dos cortes de bisturí, uno en la piel y otro en la yugular. No había de qué preocuparse, su esposa estaba muerta. El día 13 de junio de 1954, Diego escribió en su diario: «Fue el día más trágico de mi vida. Perdí a mi querida Frida para siempre... Demasiado tarde me di cuenta de que la parte más maravillosa de mi vida había sido el amor que sentía por Frida». A las dos de la tarde, ya en el crematorio, según la versión de Adelina Zendejas, antes de introducir el cadáver en el horno, algunos presentes la tomaron de las manos y comenzaron a arrancarle los anillos, en un intento último por

Mi Calle de San Ildefonso

LA NIÑA DE LA MOCHILA

Por BALTASAR DROMUNDO

XXI

LA conocí en 1923, en la Preparatoria. Era Frida Kahlo. Tendría 13 años. Había nacido un 7 de julio en Coyoacán, en la casona que hoy habita. Era una chica espléndidamente alegre, sobreabundante de vitalidad. Pasaba casi inadvertida la parálisis infantil de su pie derecho, acontecida 1916. De mediana estatura proporcionada, lucía esbelta la figura por esa especie de luz que irradiaba su rostro. Negra la nutrida cabellera —ocasionalmente peinada de "chinos", después arreglada con recorte varonil. Reducida y delicada la nariz. Breve la boca y delgados los labios maliciosos. La barbilla partida. Abundante y cerrada la moruna ceja. Larga y rizada la pestaña que hacía tenue la sombra a la suave café tierno de los ojos. Bella y despejada la frente juvenil. Levemente oval el rostro, como en aquella muchacha semidesvanecida que logró Renoir en "El Columpio". Supuesta la armonía cabal de que su cuerpo daba indicios, se antoja reconocer, por contraste a lo curvo de las formas, su mirada tan recta, expresión de su vida. La reconstruyó con una mochila que le fué inseparable, que le prestaba gracia, tinte de colegiala, ritmo de ingenuidad. Excepto lo húngaro del apellido, todo en ella, como ella misma, era mexicano. Se diría que en ella lo refinado y lo distinguido se articulaban con lo popular. No era una cautivante belleza de Cumplido, ni una chica de las que fotografió el XIX con candoroso estilo. Sugería un poco las figuras femeninas, sencillas y encendidas, que hicieron las primicias tipográficas de Posada en Aguascalientes; tenía un calor de llama mexicanísimo, fáustico, en movimiento. Unida su clara inteligencia a su avidez literaria, Frida poseía singularidad de personaje de corrido mexicano, muchacha culta de la clase media que parecía desprendida de las páginas de Azuela, de sus primeras novelas de costumbres. Su animada conversación, sus modismos deliciosos, aun el "caló" debido a los "cachuchas" —que fué su grupo—, acusaban en Frida la preparatoriana una jovialidad peculiar, una coqueta picardía, el cadencioso arrastre de las sílabas, las rápidas frases de su mal hablado ingenio. Entonces prefería usar blusas de manga corta, con lo que sus redondos brazos alegraban nuestra vista. Y prefería los colores vivos en sus telas. Años después, en 1939, yendo a realizar su exposición de pinturas, llevó a Estados Unidos colecciones de vestidos tehuanas con que cubrió de rosas y sedas y bordados huipiles de incendio maravilloso, enaguas que eran orgía tropical del color, y joyas que reproducían en pectorales brazales, collares, los dioses de Monte Albán en su hechizante orfebrería. Contrastaba con el moreno-canela de su piel y con sus arracadas oaxaqueñas de oro, y con su peinado alto de señorial yalalteca, el rubio niño de Lucien Bloch que sostenía en sus brazos al ser fotografiada una mañana en Nueva York.

A la manera del arquetipo trágico de Rolland, o impelida dramáticamente como las creaciones de Dostoyevsky, Frida surgió al mundo artístico con el propósito de darle sentido al tiempo vacío de su postración. Intentó llevar a su pintura el universo realista que comprendía su vida: lo objetivo y subjetivo de su mundo, de su experiencia, de los símbolos de su estancia en la Tierra, como una droga que le diera vida retrospectiva, aspirada profundamente hasta saturarse el excitante recuerdo de su niñez. Sin otro movimiento que en los brazos, yacente de cara al techo, empezó a pintar con increíble dolor, en lentos meses de inmovilidad desesperante. Luchaba su exceso de juventud, su voluntad de vivir, contra el destino ciego que la hería, su trágico autorretrato que la encierra en corsé de fierro, es pálida interpretación simbólica de los caminos que en su cuerpo recorrió el bisturí. De 1930 a 35, la operaron cinco ocasiones, cuatro en México y una en Nueva York, y por primera vez le operaron el pie. Pendiente de una ménsula que estaba sujeta a las vigas del techo, Frida estuvo doce horas como péndulo inmóvil, mientras Canessi intentaba hacerle con yeso odontológico un corsé de vaciado directo. Etapas de agonía fueron las de su drama. Otra ocasión permaneció sujeta tres meses, a plomo, con sacos de arena en los pies, por enderezar su columna vertebral, que el norte-

Hace 25 Años

20 DE ENERO DE 1929

Se rinde ante el general Edmundo Durán en Orizaba, Ver., el cabecilla Rodolfo Lozada y entrega sus armas y pertrechos.

—El Presidente Calles recibe en el Castillo de Chapultepec a los marinos británicos del crucero "Capetown".

—Llega el boxeador chileno Quintín Romero quien sostendrá un encuentro contra Paulino Uzcudua en El Toreo.

—Muere el general de división Agustín Hernández, uno de los últimos supervivientes de la Guerra de Intervención de 1847.

—El joven Francisco Lake Jr., muere al ser asaltada la hacienda "La Esperanza", en el Estado de Jalisco, propiedad de los señores Schondube.

—El gobernador provisional de Veracruz, Abel S. Rodríguez, trata de zanjar el problema inquilinario del Estado, sosteniendo pláticas con diversos grupos interesados en el conflicto.

—El generalísimo Matus, único jefe yaqui que no se ha rendido, está muy enfermo de reumatismo y pide urgentemente medicinas.

—La Asociación Mexicana de Funcionario Ferrocarrileros inaugura su III Convención Anual, bajo la presidencia de E. C. Navarro.

—Seiscientas setenta y ocho mil pacas de henequén se exportaron de Yucatán el año pasado, según informa la Asociación de Henequeneros.

—El licenciado Toribio Esquivel Obregón comenta jocosamente en versa el discurso del Presidente Coolidge, pronunciado al inaugurarse la Conferencia Panamericana.

americano Wilson había operado equivocadamente al trastrocar la colocación de las piezas. En las fotografías de esos años su rostro es tenso, dislocado, angustioso, rendido más allá del dolor invencible, se diría que el rictus y la pena evocaban en Frida la escultura de "El Fuego", o el crispante bronce de la "Desesperación". Frida evocando las páginas hondas, torturantes, de la literatura realista, los claroscuros de Barbusse en "El Fuego", la desolación incomparable de "El Infierno". Con extraordinaria evidencia, durante años la rondó la muerte, terca, indeterminada pero tan cercana que se percibía su presencia en el aire, se sabía que estaba en la casa. Y así llegó la convalecencia, perezosa lentitud de amanecer de invierno, desperezo de luz que ataja la neblina. Resurgía a la vida casi sin voluntad, rota la risa, quebrada la alegría, turbia la vista todavía por un llanto que se diría mineral, venido del cansancio de los huesos, de la sangre somnolienta. Convalecencia atormentada en 28 corsés: uno de fierro, tres de cuero, y los demás de yeso. Y tres años con muletas. Estaba hecha pedazos, era la sombra de su sombra. Y del calvario increíble renacía, como la flor bajo el hielo. Aun sobrevino una gangrena seca que curó Juan Farill; y una desafortunada infección de hongos verdes, verde múltiple y reptante en que nuevamente se anunciaba la muerte, su antigua conocida.

En realidad, su tragedia empezó en nuestros días de la Preparatoria. Ya he dicho que en mi barrio de San Miguel, sobre la calle de San Jerónimo que hizo ilustre sor Juana, estuvo la primitiva Cruz Roja. Allí llevaron a Frida una noche, envuelta en sangre y polvo de oro. Allí permanecería tres meses. La sacaron de la espesa oscuridad del arrabal de Santa María Tlaxcoaque, de los restos de un camión, del laberinto de rieles y de cables que era entonces el rumbo de San Lucas. Frida iba en el camión de Coyoacán hacia su casa, acompañada de Alejandro. Contra el camión fué acercándose lentamente el tranvía de Xochimilco. Su lentitud tenía visos de cámara cinematográfica retardada, o quizá evocaba las escenas de aguafuerte que Flaherty sacó del suburbio. El caso es que el motorista fué llevando la gran mole de fierro con calculado sadismo, con deliberada perversidad y prensó al camión hasta comprimirlo con sus ocupantes como quien estruja un papel. Frida iba en la parte posterior del vehículo y se dobló como una hoja al impacto del tranvía. No sintió dolor, sin el calor tibio de su sangre que mojaba su cuerpo, que la recorría como adornándola con túnebres hilillos de corales. Fué su primer contacto con la muerte. Una varilla del camión la atravesó, la incrustó. En unos minutos quedó despedazada. Alguien llevaba un bulto con polvo de oro, y al ser prensado el ca-

SIGUE EN LA PAGINA ONCE

Nota de Baltasar Dromundo. Amigo de Frida en la preparatoria.

conservar un recuerdo de ella. «Cristina comenzó a gritar cuando el cuerpo de su hermana se deslizaba hacia el horno, y hubo que sacarla de ahí».

Otra versión de los hechos se encuentra en el libro de María del Pilar Rivera, «Mi hermano Diego» y en él se asegura que Frida había dejado atrás la crisis de bronconeumonía, pues su hermana Cristina le suministraba terramicina. La tarde del doce de julio estaban junto a la pintora, su hermana Cristina, Diego, Teresa Proenza y su amiga íntima, Elena Vázquez Gómez, más la enfermera que a las once de la noche, antes de retirarse, le dio el medicamento que la hacía dormir. Al día siguiente, la enfermera acudió a verla para administrarle el primer medicamento del día, cuando se dio cuenta de que Frida había muerto. Llamó al mozo que se quedó atónito ante el cadáver. «Diego llega hasta el lecho de su esposa, la estruja, la abraza, la besa y al final cae presa de terrible crisis nerviosa. Llega el doctor, trata primeramente de volverlo en sí y al reconocer que Frida está muerta, no acierta a comprender cómo pudo sobrevenir el deceso precisamente cuando él esperaba el alivio... dándose también el caso sumamente inexplicable, en los momentos de amortajar el cuerpo, de que éste presentaba grandes y varias manchas amoratadas, sin que nadie, ni el mismo galeno, pudiera determinar la causa de ellas.

Finalmente, en este libro de memorias de la señora Isolda Pinedo Kahlo, se transcribió la versión de la pintora Rina Lazo (capítulo 7) quien relató en la entrevista que, al regresar ella de Guatemala, muy poco después de la muerte de Frida, fue el mismo Manuel Martínez quien le explicó que había sido encontrada por él, tirada en el baño y muerta (un detalle muy importante es no olvidar que Lazo fue ayudante de Rivera desde 1947). Que bajó a la recámara de Diego, quien se encontraba en la Casa Azul de Coyoacán para avisarle. Que el muralista se *vistió lentamente y subió a ver a su esposa y, ahí mismo, el corpulento hombre terrible y aparentemente insensible, se desplomó física y moralmente y jamás se repuso de esta pérdida.*

ESTA FUE LA PINTORA FRIDA KALHO, cuya obra artística traspasó las fronteras de México, pues uno de sus cuadros figura en el museo del Louvre de París. Frida ha muerto y su cuerpo fué velado anoche en el Bellas Artes.

DAVID ALFARO SIQUEIROS, compañero de ideología de Diego Rivera, le presenta sus condolencias por la muerte de la artista Frida Kalho, quien murió a consecuencia de una embolia pulmonar. Ahora sólo quedan de Frida sus cuadros que la hicieron famosa.

Frida Kalho, la Artista del Pincel, Dejó de Existir Ayer

La Muerte de la Esposa de Diego Rivera Conmueve a sus Amigos

Nota de Rodolfo CONTRERAS A., redactor de NOVEDADES

Frida Kalho, la artista e incansable luchadora social, que fuera compañera en la vida del muralista Diego Rivera, dejó de existir la madrugada de ayer y, por la tarde, su cadáver fué conducido, en un féretro gris, al vestíbulo del Palacio de las Bellas Artes, colocado sobre el piso un lienzo negro y, sobre el ataúd, su esposo depositó la bandera roja, del Partido Comunista Mexicano, con una estrella blanca en el centro y, dentro de ella, el símbolo de la hoz y el martillo, bordados en seda negra.

Daban la impresión, tales actos, de que, traspuestos los umbrales de la muerte, ninguna ideología rige los destinos, y menos aún en un país que, como el nuestro, ha respetado los credos, del tipo que fueren; por eso fué que las altas autoridades del gobierno dieron su anuencia para que así fuera... en aras del arte, del que la desaparecida fuera magnífica exponente.

Y por el Palacio de las Bellas Artes, donde se exhibieron obras grandiosas de Diego Rivera y de Frida Kalho, desfilaron, a contemplar el rostro inanimado, todos quienes fueron compañeros de ella.

EL MUNDO DE LA IZQUIERDA, EN PLENO

Unas personas allegadas al matrimonio Rivera manifestaron al representante de NOVEDADES que después de consultarlo con los funcionarios de la Presidencia de la República, en ausencia del Primer Magistrado, el director del Instituto de las Bellas Artes, señor Andrés Iduarte, había extendido un

permiso para que el cadáver de Frida fuera velado en el magno edificio.

Las guardias, numerosas en sí, se sucedieron una a una, y las montaron los más connotados comunistas: David Alfaro Siqueiros, Heriberto Jara, el pintor José Chávez Morado, la fotógrafa Lola Alvarez Bravo, los pintores Juan O'Gorman, Aurora Reyes, María Asúnsolo, Miguel Covarrubias, el escultor Rodrigo Arenas Betancourt.

También asistieron a velar a la desaparecida, sus tres hermanas, Cristina, Adriana y Luisa; Ruth y Guadalupe Rivera, hijas del pintor y de su primera esposa, la también pintora Lupe Marín; el licenciado Ricardo Zevada, director del Banco Nacional de Comercio Exterior;

SIGUE EN LA PAGINA 13, COL. 7

Nota de diario sobre el fallecimiento de "La artista del pincel".

Si unimos todas estas versiones encontradas o al menos yuxtapuestas, con la negativa del doctor Velasco y Polo a extender el certificado de defunción a quien fuera su amiga y paciente de muchos años, con la reserva legal de la que se habla en la biografía de Hayden Herrera, y el hecho de que a Frida Kahlo no se le practicó autopsia alguna, se podría entender que los moretones encontrados por el facultativo en su cuerpo, se debieron a una causa distinta a la supuesta caída en el baño que Diego omitió sin que exista una clara razón para hacerlo.

Las preguntas van apareciendo solas, tras la lectura de estas citas.

Ciertamente, en esos y otros laberintos podríamos perdernos sin llegar a una conclusión cierta, o apegada a la verdad. Por ello registramos el testimonio que al respecto ha querido darnos la señora Isolda Pinedo Kahlo, la única persona que puede descifrar este enigma.

«El secreto mejor guardado»

Las pláticas se olvidan, las vivencias nunca. Yo sabía que al hacer estas memorias me iba a ver obligada a abrir muchas gavetas que contienen pasajes durísimos y desconocidos para la mayoría. Me cuesta un gran esfuerzo emocional hablar de ciertos temas, uno de ellos, la muerte de mi tía y los acontecimientos que la rodearon.

He comprendido que le debo a mi familia y a México una semilla de verdad entre tanta historia escrita, entre tanta leyenda. Me duele sobremanera que se piense o se sospeche que mi tía Frida Kahlo pudo haberse quitado la vida, con toda la pasión que había puesto en recuperarse. Sépanlo, ella era una persona muy valiente, muy derecha, y como dije anteriormente, nunca le importó lo que las personas opinaran de ella; Diego, mi querido tío, lo era menos. Yo también soy distinta. A mí me interesa, me preocupa y me conmueve profundamente, todo lo que pueda afectar la memoria de los y las Kahlo.

Debo decir que sufrí mucho a causa de algunas cosas que dudé en ahondar en este libro. Por ejemplo, que en la última y única exposición personal de Frida, organizada por Dolores Álvarez Bravo, a mí me tocó verla llorar de dolor en el baño de la galería. Ya no podía soportar el sufrimiento; sin embargo, no quería perderse el gusto de estar con tantos amigos, ni aparecer como «dolorosa» en el día más feliz de su vida. Me pidió: «Dame una cibalgina, Iso». Pero no era esa medicina a la que ella se refería, sino a la droga que estaba tomando, la única que le calmaba un poco el dolor: morfina. Ese medicamento fue el responsable de la mirada que todos vieron aquella noche, desorbitada, como falta de movimiento, fija en un punto y carente de expresividad.

El día del fallecimiento de mi tía, no me dejaban pasar. Había policías en la puerta. ¡Cómo no!, les dije, pero no penetré a la Casa Azul. Yo tenía a mi hija Mara muy pequeña, de un año. Les dije a los «azules»: ¡o me dejan pasar, o los mato! Descubrí la pistola que llevaba oculta en mi bolsa, la misma que Frida me regaló para que me defendiera. Yo me quería morir. No quise hacer un escándalo. Hablé con mi madre que estaba deshecha y ella balbuceó algunas palabras que me hundieron aún más en el choque emocional que todos estábamos viviendo; regresé a casa para dejar a mi hija. Entonces me dirigí a Bellas Artes para estar junto a mi tío. Una mirada y nos dijimos todo... El amor obliga, la piedad también.

Al ver a Frida tendida, me dio el patatús. Me acerqué a donde estaba Diego desplomado sobre una silla y sólo alcancé a exclamar: «¡Tío! Mi mamá, yo...». Diego me interrumpió y tomándome por el brazo me condujo hacia un rincón: «Así es... No soportaba más este morir lentamente, cada día; este deterioro cruel y sin sentido; sobre todo el sin sentido»... Me desmayé y no recuerdo quién me rescató de Bellas Artes. A quien haya sido, le pedí que me regresara a mi casa. Ya estando ahí, sola, sintiendo que flotaba en la irrealidad, me acordé de Diego, desesperado en la Casa Azul, dando grandes zancadas de un lado al otro y preguntándonos, incluidos los médicos: «¡Caray!, ¿alguien puede hacer algo para calmar los dolores de Frida? Si yo tuviera los güevos para hacerlo, lo haría». A poco rato de esas escenas,

desde el comedor de la Casa Azul podían oírse los gemidos de Diego que había dado en encerrarse en su cuarto. Esos y otros ruidos de la casa estarán conmigo mientras viva.

Cuando todo pasó, los acontecimientos y las palabras corrieron como cataratas a las que resulta imposible ponerles freno. Únicamente diré que éste fue el secreto mejor guardado por la familia, el más grande. Sin embargo, y en medio de aquel dolor

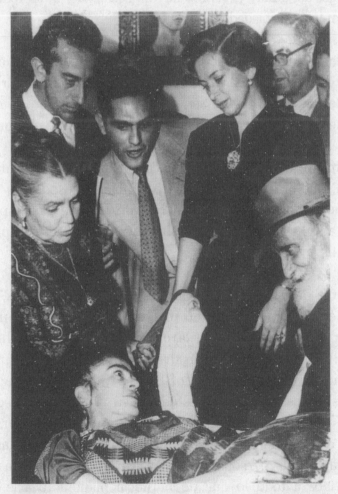

Fotógrafo desconocido, 1953, Coyoacán, México. Kahlo fué llevada en su propia cama a la exposición de pintura en México organizada por Lola Alvarez Bravo. Le rodean Concha Miguel, Antonio Peláez, Dr. Roberto Garza, Carmen Farell y el Dr. Atl.

tan crudo, lo que más padecí fue ver el deterioro paulatino de mi madre, Cristina Kahlo, que no sé cómo soportó callando. Él, el muralista famoso, el político, el autor de la historia de su vida, mi querido tío, que de allí en adelante caminó más pausadamente que nunca, dio su versión, reconstruyó los hechos. Por lo que vi desde ese día hasta el momento de su fallecimiento, Diego tampoco pudo reponerse. Y ahí está el nudo más fuerte de este suceso tan difícil de interpretar y de entender, hasta llegar a su fondo complejo de amor y renuncia; de escalofrío e incredulidad; desesperación y piedad.

Sustraída mi tía del fuego del sufrimiento, murió para él todo motivo de existir. Nunca fue el mismo, acaso una sombra. Creo que nadie de nosotros volvió a ser, en adelante, el mismo o la misma. Evidentemente lo atormentaban el recuerdo y la ausencia de Frida

Mi madre había entregado media vida a otros, especialmente a Frida, que era su hermana pero también la esposa de Diego. Cristina Kahlo se agotó tremendamente; dejó su vida esparcida entre camas y hospitales, y también en los asuntos y caprichos de mi tío.

Acerca del supuesto amorío que existió entre ambos, no sé qué decir, salvo que a mí no me consta. No obstante, no voy a pasar sobre las cartas de la propia Frida que ya es historia y mito. Si así sucedió, mi madre tuvo el cuidado de que sus hijos no sufriéramos por ello. Pero hay una parte de Diego que casi todos los que han estudiado su vida saben o deducen: Él, todo lo conseguía con su manera implacable de ser, de ir detrás de aquello que se le antojaba tener. Pero así también desechaba a las personas. A mi madre la obligó a firmar que renunciaba a todo lo que de herencia pudiera tocarle de su hermana Frida. ¿Por qué?

Sólo puedo sentir agradecimiento por los sacrificios de mi madre y admiración por la paciencia con que ella y mi tío cuidaron a Frida Kahlo hasta los límites de lo humano. Soy una abuela cansada; mi carga debe ser más ligera de aquí en adelante, después de 50 años de silencios inquebrantables.

La familia se acabó. No hubo más *después* de la muerte de Frida. Parecía que ella se había llevado la alegría de todos para seguir riéndose y cantando en el cielo. Que Dios la tenga en su gloria, a ella y a los que ya han partido. Yo espero haber cumplido con su memoria y logrado que la verdad surja entre tantas versiones que de ella existen, todas dolorosas, míticas o mal intencionadas.

EL NACIONAL — México, D. F., Miércoles 14 de Julio de 1954

LA DESTACADA ARTISTA FRIDA KHALO, esposa del pintor Diego Rivera, falleció ayer. En el grabado de la izquierda, montando la primera guardia, Diego Rivera, el general Heriberto Jara y otras amistades de la artista. En el de la derecha, la desaparecida, en su féretro. La capilla ardiente fue instalada en el hall del Palacio de Bellas Artes.

Última fotografía del cuerpo de Frida Kahlo.

Quisiera que este libro sirva para que México sepa que en Frida tuvo un ejemplo de valor, coraje y optimismo. Ella supo sublimar su dolor y legar su arte al país que tanto amó; a las nuevas y viejas generaciones. Y como ella decía:

¡Viva la Vida!
Fin

rbol Genealógico

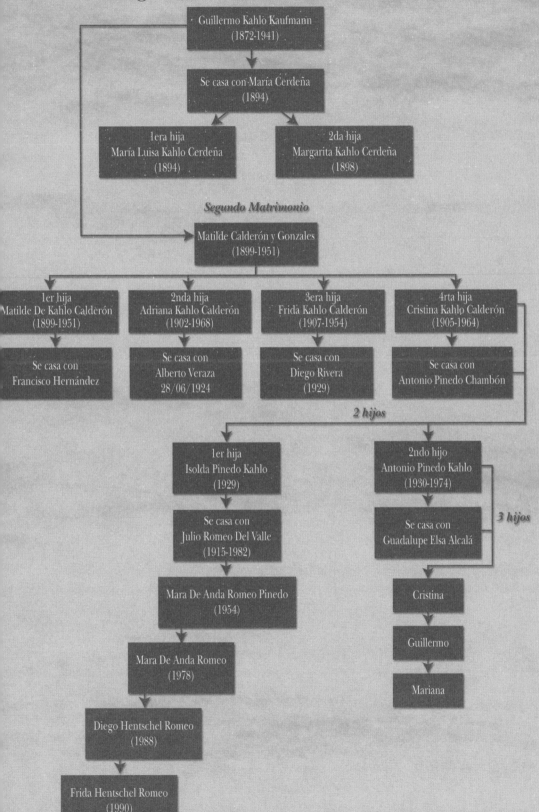

Guillermo Kahlo Kaufmann
(1872-1941)

Se casa con María Cerdeña
(1894)

1era hija
María Luisa Kahlo Cerdeña
(1894)

2da hija
Margarita Kahlo Cerdeña
(1898)

Segundo Matrimonio

Matilde Calderón y Gonzales
(1899-1951)

1er hija
Matilde De Kahlo Calderón
(1899-1951)

2nda hija
Adriana Kahlo Calderón
(1902-1968)

3era hija
Frida Kahlo Calderón
(1907-1954)

4rta hija
Cristina Kahlo Calderón
(1905-1964)

Se casa con
Francisco Hernández

Se casa con
Alberto Veraza
28/06/1924

Se casa con
Diego Rivera
(1929)

Se casa con
Antonio Pinedo Chambón

2 hijos

1er hija
Isolda Pinedo Kahlo
(1929)

2ndo hijo
Antonio Pinedo Kahlo
(1930-1974)

Se casa con
Julio Romeo Del Valle
(1915-1982)

Se casa con
Guadalupe Elsa Alcalá

3 hijos

Mara De Anda Romeo Pinedo
(1954)

Cristina

Mara De Anda Romeo
(1978)

Guillermo

Diego Hentschel Romeo
(1988)

Mariana

Frida Hentschel Romeo
(1990)

GALERÍA DE FOTOS Y DOCUMENTOS

La pareja de pintores en un pasillo de la Casa Azul

*Isolda Pinedo Kahlo en Coyoacán,
vestida con traje típico .*

Secretaría de Hacienda
DIRECCION DE EGRESOS
Registro de Personal Federal.

FILIACION

Forma H R P F 5
12-7476

Núm. de Reg. K-8-72c

DUPLICADO

Ramo   **XI.**

Nombre   **Frida KAHLO Calderón de Rivera.**

Fecha del nacimiento   **7 de Julio de 1910.**

Nació en   **Coyoacán D.F.**

Nombre del padre   **Guillermo Kahlo.**

Nombre de la madre   **Matilde Calderón.**

Estado civil   **Casada.**

Nombre del Conyuge
(cuando es casada la mujer filiada)

Estatura   **1.60. cms.**

Color   **moreno.**

Color del pelo   **Negro entrecano.**

Amplitud de la frente   **Pequeña.**

Abundancia de las cejas   **Grande.**

Color de los ojos   **Cafés.**

Forma de la nariz   **Poco Concava.**

Tamaño de la boca   **Pequeña..**

Señas particulares   **Cabazas de la cejas UNIDAS.**

Empleo   **Maestra Cultural. (Prof. Pintura).**

Domicilio   **Allende 96 Coyoacán D.F.**

México D.F. a 14 de Enero de 1946.
(lugar y fecha)

Frida Kahlo
(firma del interesado.)

Huella del pulgar derecho

Referencias:

Matilde Kahlo de Hernández.   Precisamente   Av. Hidalgo 97 Coyoacan D.F.

Cristina Kahlo.   2 parientes   Aguayo 22. Coyoacán D.F.

Alberto Misrachi.   y   Av. Juárez 4. C. "La Nacional",

Francisco Herney.   Av. Hidalgo 97 Coyoacán D.F.
(nombres)   (domicilio)

El Jefe de la Oficina que toma la filiación.

Sello

Rafael Hernández Reynoso.   Fidencio S. Espahti
(Instrucciones a la vuelta)

Registro de Frida ante la oficina de egresos de la SHCP.

Frida es maestra de la Esmeralda.

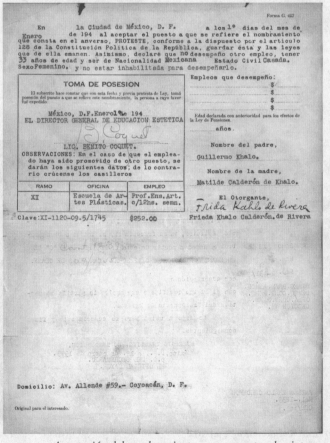

Aceptación del nombramiento como maestra de pintura.

Frida con sus sobrinos, Toño e Isolda.

Cristina Kahlo probando un disfraz.

*Fotografía inédita en donde aparece
Pedro Infante entre Frida y Cristina.*

*Frida Kahlo,
antes de los dos años.*

Cristina y Frida al regreso de Francia.

Isolda estudió ballet con las hermanas Campobello.

ORG. 171/56.

eag. 14611

FORA DE SS

Nº 167811

DEPARTAMENTO DEL DISTRITO FEDERAL

En nombre de la República Mexicana y como Oficial del Registro Civil de este lugar, certifico ser cierto que en el libro 325 del Registro Civil que es a mi cargo, a la foja 140 se encuentra asentada una Acta del tenor siguiente:

PARA COPIAS CERTIFICADAS DE ACTAS DEL REGISTRO CIVIL

CONFRONTADA:

Al margen:- 218.- Dos cientos dieciocho.- KAHLO GUILLERMO y MA-
TILDE CALDERON.- Matrimonio.- Al centro:- En la Ciudad de México
a las 11 once y 45 cuarenta y cinco minutos de la mañana del -
dia 29 veintinueve de septiembre de 1904 mil novecientos cuatro
ante mi Wenceslao Briceño Juez del Estado Civil, comparecieron
para celebrar su matrimonio el señor GUILLERMO KAHLO y la señorita MATILDE CALDERON , viven en la Plazuela de Juan Carbonera
número 4 cuatro, el primero de Pforzheim Alemania de 33 treinta
y tres años fotógrafo viudo de la señora María Cardeña que falleció en esta Capital el día 24 veinticuatro de Octubre de 1897
mil ochocientos noventa y siete como consta del certificado de
su defunción que presenta y se archiva con el número y fojas -
de esta acta hijo legitimo de los finados señor Enrique Jacobo
Kahlo y señora Eniqueta Kaufmann. La contrayente de México
de 27 veintisiete años célibe hija legitima del finado ciudada
no Antonio Calderón y de su viuda la señora Isabel Gonzalez de
México vive en Tacubaya, Distrito Federal, Agregaron: que habien
do do terminado el plazo de las publicaciones fijadas con fecha
23 veintitres de agosto próximo pasado, como consta del acta -
de presentacion número 115 ciento quince que se encuentra en -
este libro y llenado los demás requisito legales sin que se haya denunciado impedimento, piden al presente Juez que autorice -
su unión . En virtud de ser cieto lo expuesto por los contrayen
tes les interrogue si era su voluntad unirse en matrimonio y
habiendo contestado afirmativamente yo el Juez hice la solemne
y formal declaración que sigue :"En nombre de la Sociedad declaro unidos en perfecto legitimo e indisoluble matrimonio al-

VUELTA

Acta matrimonio Matilde y Guillermo.

señe GUILLERMO KAHLO y a la señorita MATILDE CALDERON".-Fueron testigos la señora Madre de la señorita contrayente cuyas genera les ya constan y los ciudadanos Carlos Peña, Carlos Trevit y - Rafael Sebastian López, el primero de México de 33 treinta y - tres años soltero, ingeniero vive en la calle de San Miguel Nú-mero 7 siete, el segundo de Guanajuato de 22 veintidos años, sol tero comisionista vive en la 3ª. tercera calle de la Inde-pendencia número 2 dos y el tercero de México de 27 veintisie te años casado comerciante vive en Mixcoac, Distrito Federal, Quienes bajo la protesta de Ley declararon conocer a los intere sados y constarles lo expuesto por ellos .-Lieda esta acta la ratificaron y firmaron Los contrayentes manifestaron no ser pen sionistas del Erario Federal.-W.Briceño.-Matilde Calderón.-Gui llo. Kahlo.-Isabel G.Vda. de Calderón.-Carlos Trevit.-Carlos-Peña.-Rafael L.López.-Rúbricas.-   -   -

-        -   -   -

ES COPIA FIEL DE SU ORIGINAL QUE EXPDO EN LA CIUDAD DE MEXICO A LOS VEINTIUN DIAS DEL MES DE FEBRERO DE MIL NOVECIENTOS CIN CUENTA Y OCHO.- -   -   -

EL JEFE DE LA OFICINA DEL REGISTRO CIVIL.

DR. RIDEL GUILLEN.

Acta matrimonio Matilde y Guillermo.

*Su México llegaría a través de una
terrible noticia, la gravedad
de Matilde, la madre (1932).*

Vendería todo por nada. Frida 40s.

DO NOT WRITE ON THIS SIDE

ALL BLANKS BELOW ARE FOR USE OF COUNTY RECORDER

F. 1307

STATE OF CALIFORNIA

Department of Public Health

VITAL STATISTICS

STANDARD CERTIFICATE OF MARRIAGE

1 PLACE OF MARRIAGE

City and County of SAN FRANCISCO

State Index No. _____

Local Registered No. **4533**

GROOM — PERSONAL AND STATISTICAL PARTICULARS — BRIDE

	GROOM	BRIDE	
FULL NAME	Diego Rivera	Frida Kahlo Calderon	FULL NAME
RESIDENCE	42 Calhoun Street	Alexander Hamilton Hotel	RESIDENCE
COLOR OR RACE	White	White	COLOR OR RACE
AGE AT LAST BIRTHDAY	54 (Years)	30 (Years)	AGE AT LAST BIRTHDAY
SINGLE, WIDOWED OR DIVORCED	Divorced	Divorced	SINGLE, WIDOWED OR DIVORCED
NUMBER OF MARRIAGE	2	2	NUMBER OF MARRIAGE
BIRTHPLACE	Guanajuato, Mexico	Coyoacan, Mexico	BIRTHPLACE
OCCUPATION (a) Trade, profession, or particular kind of work	Painter	Painter	OCCUPATION
(b) General nature of industry, business, or establishment in which employed (or employer)	—	—	
NAME OF FATHER	Diego Rivera	Wilhelm Kahlo	NAME OF FATHER
BIRTHPLACE OF FATHER	Guanajuato, Mexico	Baden Baden, Germany	BIRTHPLACE OF FATHER
MAIDEN NAME OF MOTHER	Maria Barrientos	Matilde Calderon	MAIDEN NAME OF MOTHER
BIRTHPLACE OF MOTHER	Guanajuato, Mexico	Morelia, Michoacan, Mex.	BIRTHPLACE OF MOTHER

MAIDEN NAME OF BRIDE, IF SHE WAS PREVIOUSLY MARRIED ____ Frida Kahlo ____

WE, the groom and bride named in this Certificate, hereby certify that the information given therein is correct, to the best of our knowledge and belief.

Diego Rivera ____ "Groom ____ Frida Kahlo Calderon ____ "Bride

CERTIFICATE OF PERSON PERFORMING CEREMONY

I HEREBY CERTIFY that ____ Diego Rivera ____ and ____ Frida Kahlo Calderon ____ were joined in Marriage by me

in accordance with the laws of the State of California, at ____ San Francisco ____

this ____ 8th ____ day of ____ December ____ 19 40

Signature of Witness to the Marriage { Arthur Niendoff

Signature of Person Performing the Ceremony { George W. Schonfeld

Residence 1135 Taylor Street

Official position Judge of Municipal Court

FILED **DEC 10 1940**

Residence San Francisco

A full, true and correct copy of the original recorded this ____ 10th ____ day of ____ December ____ 19 40

____ County Recorder By ____ Deputy

DO NOT WRITE ON THIS PAGE

ALL BLANKS ABOVE ARE FOR USE OF RECORDER

Filled out in the presence of H. J. Riley, Deputy County Clerk

I, THOS. A. TOOMEY, RECORDER OF THE CITY AND COUNTY OF SAN FRANCISCO, DO HEREBY CERTIFY THAT THE ANNEXED IS A WHOLE, TRUE AND CORRECT COPY OF AN ORIGINAL RECORD AS WILL APPEAR BY REFERENCE TO BOOK ____ 44 ____ OF MARRIAGES, PAGE ____ 76 ____ NOW IN MY OFFICE AND THAT SAID COPY HAS BEEN COMPARED WITH THE ORIGINAL AND IS A CORRECT TRANSCRIPT THEREFROM.

WITNESS MY HAND AND SEAL THIS

NOV 26 1957

THOS. A. TOOMEY, RECORDER

DEPUTY

Acta del segundo matrimonio de Diego y Frida.

Acta de defunción de Frida, "firmada por su psiquiatra"

Xochimilco, 1930. Frida Kahlo

FRIDA KAHLO DE RIVERA.

SEC. 1a.
Testamento.- 10 de abril de 1940. Not. Olivares Inclán.

Cláusula 2a. Heredera de la casa 432 de Insurgentes Cristina Kah
lo, y de Londres 127 á Diego.
14 de agosto de 1954.- Junta para dar a conocer al-
Albacea, Cristina dijo no tener interés en la Suce-
ción y reconoció como único y universal heredero a-
Diego. "Este aceptó la porción hereditaria que le se
ñaló la testadora" y el cargo de Albacea. Se declaró como único y univeraal heredero a Diego.

SEC. 2a.   Diego Rivera presentó el siguiente
Inventario: 1-casa número 127 de Av. Londres   Valor comercial
Exq. Calle Allende, Col. Carmen
Coyoacán, 50% de su valor $112,010.00 $56,005.00
2.- Terreno anexo a la propiedad
anterior,número 123 de Av. Lon-
dres 50% de su valor   72,800.00   36,400.00

✓ 3.- Terreno Tecoculo, pueblo de-
San Pablo Tepetlalpa, Coyocán,--
50%   16,146.00   8,073.00
                                         200,956.00   100,478.00

INMUEBLES EN MORELOS.

✓ 1.- Abasolo 3, Acapatzingo,super
ficie de 459.00 Mts.2.,50%   500.00   250.00

✓ 2.- Sin finca Av. Atlacomulco -
Sup. de 114.60, 50%   1,000.00   500.00

Bienes no señalados   3.- Esq. Allende y Constitución
en el testamento.   Pueblo de Ciconcuac, Xochitepec
Sup. 1,070.00 M2.   2,500.00   1,250.00

MUEBLES EN COYOACAN.

1.- El 50% de 3 pinturas acabadas
y otras sin concluir pintadas por
la Sra. Rivera, mismas que a continuación detallo indicando su va
lor comercial
1.- Hornos ladrillo $ 5,000.00
2.- Retrato Sr. Kahlo   5,000.00
3.- La familia Kahlo   5,000.00
4.- Autorretrato(in---
      concluso)   4,000.00
5.- Nat. muerta(in---
      concluso)   4,000.00
6.- Frida   (in---
      concluso)   1,500.00
7.- Frida y Stalin---
      (inconcluso)   4,000.00
8.- Cabeza Stalin --
      (inconclusa)   2,500.00
9.- Retrato apunte a
      lápiz S/   1,000.00
                            32,000.00   16,000.00

- 2 -

II.- El 50% de la colección de exvotos al óleo sin lámina de la Esc. Mexicana, de diversos artistas y cuadros anónimos del arte popular mexicano, cuya lista se detalla a continuación.

1.- Retrato del niño Antonio Villaseñor (anónimo)	$ 1,000.00
2.- Muerte de San Francisco, fragmento anónimo	1,000.00
3.- Sta. Emerenciana (óleo anónimo)	1,500.00
4.- San Estolano, (óleo anónimo)	1,500.00
5.- Retrato Luisa Dolores Arroyo de Anda	1,500.00
6.- Paisaje óleo autor Tortosa	350.00
7.- Dibujo, autor Palay	350.00
8.- 500 retablos	500.00
9.- 18 retablos a $ 25.00 c/u.	450.00
10.- 30 retablos a $ 10.00 c/u.	300.00
11.- 2 retablos a $ 20.00 c/u.	40.00
12.- El Artesano, óleo anónimo	350.00
13.- Bodegón, autor José Baños	450.00
14.- Frutero, (óleo anónimo)	200.00
15.- Retrato de hombre (anónimo)	260.00
16.- La Pulquería (Adnaim)	150.00
17.- La Madrugada de San Miguel, Abundio Rinan	150.00
18.- Desnudo, Vandeiva	500.00
19.- El Beso (óleo anónimo)	100.00
20.- La Batalla (anónimo)	350.00
	$ 11,000.00

5,500.00

4 de mayo de 1955.

Bco. Com. Ext. Exp.- 085/481   Fiduciario

Se pagó a Hacienda por Impuestos $ 27,622.82

11 de junio. Se aprueban inventarios
y se señala a Graham Gurría como Notario.

CRONOLOGÍA

Cronología preparada por María Guadalupe López Elizalde y Gallegos LL.

Frida Kahlo

- 1872. Nació Guillermo Kahlo (Baden-Baden, 1872-México D.F., 1941), hijo de Jacob Heinrich Kahlo (comerciante en joyería y artículos fotográficos) y Henriette Kaufmann (ama de casa). Tuvieron varios hijos, entre ellos, Wilhelm (Guillermo), María Enriqueta y Paula.

- 1876. Nace Matilde Calderón y González, (Oaxaca, 1876-México D.F., 1932) Fue la mayor de 12 hijos de doña Isabel González González y de Antonio Calderón, fotógrafo de ascendencia indígena, procedente de Morelia, Michoacán. Éste le prestó su primera cámara a Guillermo Kahlo. Matilde lo había persuadido de dedicarse a la profesión de su padre.

- 1886. Nace en Guanajuato Diego Rivera (Guanajuato, Gto.,1886-México D.F., 1957).

- 1891. A los 19 años, Guillermo Kahlo decidió viajar a México. Trabajó como cajero en la Cristalería Loeb, como vendedor en una librería y después en la Joyería La Perla, que perteneció a inmigrantes alemanes venidos con él a México. Al llegar cambió su nombre y su apellido (Wilhelm Külo).

- 1894. Guillermo casó con una mujer de apellido Cárdena, que murió 4 años después, en el parto de su segunda hija. Las hijas del primer matrimonio de Guillermo fueron María Luisa y Margarita, de quienes se dice fueron «dejadas en un convento, cuando Guillermo Kahlo volvió a contraer nupcias».

- 1898. Boda de Guillermo Kahlo con Matilde Calderón. Él tenía 26 años, según se asienta en la Biografía de Hayden Herrera, y ella 24. Ella guardaba en una carpeta de piel las cartas de un exnovio alemán que se suicidó en su presencia: «Ese hombre vivía siempre en su memoria», escribió Frida en su diario.

- 1904. Guillermo Kahlo construyó la «Casa Azul» de Coyoacán. El predio, comprado por él, formó parte de la Hacienda del Carmen. Se trataba de un «lote pequeño». (Biogr. Hayden Herrera)

- 1904-1908, Durante estos años Guillermo Kahlo recopiló más de 900 placas preparadas por él mismo, para cumplir con el encargo de José Ives Limantour (secretario de Hacienda de Porfirio Díaz) de fotografiar el Patrimonio Arquitectónico de la Nación. Se le otorgó el título de «*Primer fotógrafo oficial del patrimonio cultural mexicano*». También hacía «excelentes retratos de políticos», por lo que se deduce que al nacer Frida él gozaba de buena posición económica.

- 1907. Nació Magdalena Carmen Frida Kahlo y Calderón, en Villa de Coyoacán, el 6 de julio de 1907. Su madre enfermó cuando Frida nació, por lo tanto fue criada por una nodriza indígena. Se sabe que las hermanas siempre ayudaron a cuidar a las más pequeñas, y que la relación Frida-Matilde, no fue buena. Matilde Calderón, con el tiempo, llegó a padecer ataques similares a los de su esposo.

- 1912. En una carta, Frida habló de la decena Trágica y de cómo su madre alimentó y curó las heridas de algunos rebeldes zapatistas.

- 1912. Durante la Revolución, el trabajo mermó. Guillermo y Matilde tuvieron que hipotecar la casa y vender los muebles franceses de la sala. Rentaron cuartos.

- 1913. Frida tenía 6 años. Sufrió un ataque de poliomielitis. Dijo ella que su personalidad cambió y que se unió más a su padre, quien decía que Frida era la hija que más se le parecía.

- 1914. Frida aseguró tener 7 años cuando ayudó a su hermana Matilde, de 15, para que se fugara a Veracruz con su novio. Matilde debió nacer en 1899.

- 1914. Diego Rivera, está en Madrid con María Blanchard, pintora.

- 1915. Diego estuvo en Francia, dispuesto a alistarse en el ejército.

- 1917. Se emitió una nueva Constitución en México. «la más avanzada que el mundo habría visto, por lo menos en papel» (La fabulosa vida de Diego Rivera. Bertram D. Wolfe, 1963, p. 91). Nació el hijo de Diego y Angelina Beloff.

- 1917. José Frías, poeta y amigo de Diego hasta el final de sus días, contó al biógrafo de Rivera que «Diego vivía en la sección Montparnasse, en la Rue du Départ. Acababa de mudarse allí en virtud del nacimiento de su hijo. Nevaba y no había calefacción... Nunca dejó de pintar mientras charlábamos. Para él, la pintura era un trabajo serio. Se acababa de distanciar de Picasso (y de los cubistas) después de ser su amigo íntimo». Ahí le presentaron a Alberto Pani.

- 1918. El peor invierno de Europa en muchos años. El hijo de Diego murió. El poeta Gillaume Apollinaire, cabeza de los surrealistas, fue herido de una ráfaga de metralla mientras escribía un poema recargado en la cureña de un cañón. Moriría de pulmonía más tarde.

- 1919. Marievna Vorobiev, dio a luz una hija, Marika, a quien Diego llamó «hija del armisticio». De hecho la reconoció cuando, al volver a México, dejó dinero para la niña con Adam Fischer. Más tarde envió dinero a la niña a través de Elie Faure. Conservaba las cartas de su hija.

- 1920. Alejandro Gómez Arias, exnovio de Frida, dijo en una entrevista: «Mi relación con Frida Kahlo surge en la preparatoria donde fuimos compañeros. Ella venía del Colegio Alemán, se vestía y poseía la mentalidad de alguien que ha salido de allí... Era muy inquieta y muy en contra de todas las normas familiares. Se fue acercando a nuestro grupo hasta que se integró a «Los Cachuchas» donde llegó a ser la figura más interesante». Además de él, pertenecían a este grupo: José Gómez Robleda, Miguel N. Lira (Chong Lee), Ernestina Marín, Agustín Lira, Carmen Jaimes, Alfonso Villa, Jesús Ríos Ibáñez y Valles (Chuchito), Manuel González Ramírez y Enrique Morales Pardavé. Alejandro Gómez Arias expresó: «Eramos amantes jóvenes, que no teníamos los propósitos ni el proyecto que da el noviazgo, como casarse y esas cosas».

- 1921. Frida obtuvo su certificado escolar de la Oberrealschule, en el Colegio Alemán de México.

- 1921. Noviembre, Diego viajó a Yucatán con José Vasconcelos. Éste, decidió darle a Rivera un muro para que lo decorara, en la Escuela Nacional Preparatoria, perteneciente a la Universidad de México. Trabajó allí durante un año.

- 1922. Frida Kahlo se matriculó en la Escuela Nacional Preparatoria. De dos mil alumnos, fue una de las 35 mujeres que aceptaron ese año. Ahí formó parte del grupo de los «Cachuchas», que tomó su nombre de las gorras de traficante que sus miembros utilizaban para identificarse. Apoyaban las ideas social nacionalistas del secretario de Educación, José Vasconcelos.

- 1922. Desde este año, Guillermo Kahlo tiene su estudio fotográfico en la joyería «La Perla», en las calles de Madero y Motolinía.

- 1922. Boda de Diego Rivera y Lupe Marín (la duración del matrimonio fue de 1922 a 1929). La ceremonia se llevó a cabo en la iglesia de San Miguel, en Guadalajara. Los testigos de la boda fueron María Michel y Xavier Guerrero. No hubo matrimonio civil.

- 1922. A finales de éste año Diego ingresó al PC. Su tarjeta de membresía fue la 992. Diego cometió adulterio con la hermana menor de Guadalupe Marín; ella se marchó a Guadalajara hasta que Diego fue por ella. Poco después nacería Guadalupe, la primera hija de la pareja, a quien llamaban «Picos». A Ruth, la segunda, le decían de cariño «Chapo», apócope de chapopote.

- 1923. Frida y Alejandro son novios, se escriben. Esta relación terminó en junio de 1928.

- 1923. En la Primera convención del Partido Comunista, formaron parte del Comité Ejecutivo: Diego Rivera, David Alfaro Siqueiros y Xavier Guerrero, pintor que ayudó a Rivera en las pinturas del Auditorio Bolívar, de la Escuela Nacional Preparatoria y en los frescos de Educación y en Chapingo. A Xavier Guerrero le decían «El perico», porque nunca hablaba. En el sindicato figuraban los nombres de dos mujeres: Nahui Olín (Carmen Mondragón) y Carmen Foncerrada; luego vendrían a sumárseles Roberto Montenegro y Carlos Mérida, este último, pintor guatemalteco.

- 1923. Marzo, Diego comenzó a pintar los 124 frescos de los muros de la Secretaría de Educación Pública. En este periodo completó también los 30 frescos de la Escuela de Agricultura de Chapingo.

- 1923. Marzo 20, Inauguración del mural de la Escuela Nacional Preparatoria. José Vasconcelos recibió la invitación en papel naranja, impresa por el Sindicato de Trabajadores Técnicos, Pintores y

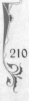

Escultores. (Le dieron gracias por haberlos cuidado, después de su tremenda caída del andamio). Vasconcelos cedió otros muros de la misma escuela a Siqueiros, recién llegado de España; a Orozco, quien acababa de participar en una fallida invasión a los E.U.A.; a Fermín Revueltas, y a 5 hombres que habían trabajado como ayudantes de Rivera: Jean Charlote, Fernando Leal, Armando de la Cueva, Ramón Alva de la Canal y Emilio Amero. Lupe Marín fue dibujada tres veces en el muro de la Preparatoria. También sirvió de modelo para los desnudos de Chapingo y de la SEP. Apareció en la escena Tina Modotti, en los frescos de Chapingo. Ahí, Diego volvió a caer del andamio y fue llevado a casa de Lupe, quien de inmediato —afirmó— conoció que el pintor mentía acerca de su gravedad. No quiso atenderlo porque estaba furiosa por sus amoríos con Tina.

- 1923. Mayo 13, Carta de Frida a Alejandro Gómez Arias, firmada con el seudónimo de «Rebeca».

- 1923. 20 de julio. Fue asesinado en su hacienda, Pancho Villa.

- 1923. Agosto. Frida escribió una carta a Miguel N. Lira (Chong Lee), a Tlaxcala. En ella le pidió responderle al nombre de «Rebeca», a la calle de Londres No. 1.

- 1923. Diciembre 19, Carta de Frida: Está enojada «pues me castigaron por esa idiota escuincla de Cristina, porque le pegué un catorrazo (porque me cogió unas cosas) y se puso a chillar como media hora y luego a mí me dieron una zurra de aquellas buenas y no me dejaron ir a la posada de ayer...». En esta carta dirigida a Carmen Jaimes, le decía «Carmen James».

- 1924. Junio 23, Diego firmó un nuevo contrato con el gobierno (después de la revuelta *delahuertista*), para terminar los frescos de Educación. Si Calles llegaba (a la presidencia), dijo un periodista, mandaría borrar los murales. Se sucedió una ola de vandalismo en contra de los murales de Orozco en la Escuela Nacional Preparatoria. Cuando la prensa atacaba «los monos» de Rivera, la prensa y la crítica internacionales comenzaron a hablar del muralismo mexicano. Diego pintó a Vasconcelos entre los vándalos contrarios al muralismo.

- 1925. Septiembre 17, Frida sufrió el accidente de camión.

- 1925. Diego renunció al Partido Comunista.

- 1926. (verano). Diego fue readmitido al PC. (Se autoexpulsaría en 1929).

- 1927. marzo 30, Frida escribe a Alicia Gómez Arias, hermana de Álex (Alejandro está en Europa). Se excusó por no invitarla a su casa: «Le ruego no piense mal de mí si no la invito a venir a mi casa, pero en primer lugar no sé qué pensaría Alejandro, y en segundo no se imagina lo horrible que es esta casa, y me daría mucha pena que usted viniera...».

- 1927. 23 de abril, carta a Alicia Gómez Arias. Narró que el doctor le colocaría un corsé de yeso, en lugar de operarla de nuevo.

- 1927. Mayo 16, Carta de Frida a Miguel N. Lira, en la que le cuenta que no podría acabar su retrato porque cambiarían su corsé de yeso. Se mudó a la casa de su hermana Matilde. La dirección que dio es la de Dr. Lucio 102- 27. Ella se nombraba a sí misma, «la Cachucha, número 9».

- 1927. Junio 6, Lunes, Los médicos cambian por tercera vez el corsé de yeso a Frida, para dejárselo fijo.

- 1927. Guillermo Kahlo se instaló en un estudio fotográfico independiente, en la calle 16 de septiembre.

- 1927. Julio 22, Carta de Frida a Alejandro Gómez Arias. En ésta se queja de su abandono y deja entrever que existió un romance que él no perdona. «Novedades en mi casa: Maty ya viene a *this* mansión. Se han hecho las paces. Todas las señoras católicas —Veladora, Abuelita, Pianista, etcétera— acabaron sus días por *this chance* anticatólico».

- 1927. Julio 23, Carta de Frida a Alejandro Gómez Arias, en la cual le decía que... Cristina está igual de bonita, «pero es *buten* de móndriga conmigo y con mi mamá». Su padre —efectivamente— acababa de cambiarse a su nuevo estudio, pues mencionó que todavía no tenía las placas en orden, para enviarle las fotografías requeridas por Alex. Mencionó que pudiera ser que le publicaran algunas fotografías —de ella— en la revista Panorama, «donde publicaban otros: Diego, Montenegro (poeta y pintor) y quién sabe cuántos más».

- 1927. Julio 25, Edo Fimmen, presidente de la International Transport Worker"s Federation, arregló una segunda invitación para Diego Rivera a Moscú, por los festejos del 10 aniversario de la Revolución de Octubre. Eisenstein había filmado «*Diez días que asombraron al mundo*», película que fue cortada personalmente por Stalin, en las partes donde se hablaba de eliminar a Trotsky y en las cuales Lenin pronunciaba un discurso ante el Segundo Congreso de los Soviets.

- 1927. Agosto 2, Carta. Frida mencionó que fue al cumpleaños de Esperanza Ordóñez (Pinocha) y que la fiesta se hizo en su casa «porque hay piano». Entre los asistentes mencionó a su hermana, Matilde Kahlo Calderón. Se quejó de que no hay dinero para tomarle nuevas placas.

- 1927. Noviembre 14, Tras firmar un contrato para pintar un fresco en el Club del Ejército Rojo, en la URSS, con el Comisario de Educación y Bellas Artes, (Lunacharsky) y de pintar un retrato de José Stalin, Diego cogió un resfriado y fue internado en el Hospital Kremlin. Al salir, encontró «ataques y una banal producción artística». Sospechó y prefirió regresar a México, llamado por el PC para dirigir «una campaña presidencial».

- 1927. Encuentro de Frida y Diego en el PC, cuando Diego tiene 41 años.

- 1928. Boda de Cristina Kahlo Calderón.

- 1929. Nacimiento de Isolda Pinedo Kahlo.

- 1928. Agosto, Romance de Diego con Tina Modotti. Está separado de Lupe Marín. Tina presentó a Diego con Frida, quien como estudiante ya se había afiliado a las juventudes del Partido Comunista. Se dice que Germán del Campo presentó a Frida con Tina Modotti.

- Mientras Diego pintaba los frescos de la Secretaría de Educación Pública, fue a verlo Frida. Le pidió que bajara y le dijo: «Escuche. No quiero cumplidos. Mucho le agradecería su opinión sincera y cualquier consejo que me hiciera favor de darme». Diego reconoció el talento de Frida. «Siga usted muchachita, está bien salvo el fondeo de éste, tiene mucho del doctor Atl. ¿Tiene usted más?», preguntó Diego. «Sí señor, pero sería difícil para mí traerlos todos. Vivo en Coyoacán, en la calle de Londres 127. ¿No querría usted visitarme el domingo?» «Me encantaría!», fue la respuesta de Diego.

- El biógrafo de Diego (p.202) señaló que cuando Rafael Carrillo pasó por N.Y., con destino a Moscú, y éste le mostró una reproducción del mural, Bertram D. Wolfe comentó: «Diego tiene una nueva chica». «Tienes razón —respondió Rafael— es una muchacha simpática, perspicaz como un águila. Pertenece a la Liga de Jóvenes Comunistas. Tiene apenas 18 años (en realidad 19), se llama Carmen Frida Kahlo».

- 1928-29. La ciudad sabía que el romance entre Lupe y Diego se había terminado. No obstante, ésta desmentía diciendo que Diego se había ido a Moscú para nunca volver, abandonándola con sus dos pequeñas hijas. En una carta dirigida a Diego, ella amenazó con casarse con Jorge Cuesta.

- Wolfe asienta que en «ninguna época de su vida Diego Rivera tuvo tantos amoríos como entre el verano de 1928 y el mismo de 1929. Fue también el año en el que más desnudos pintó. Basta ver sus frescos en la sala de juntas de la Secretaría de Salubridad y «Germinación» y "Fructificación", en Chapingo.

- 1928. Diego Rivera representó a Frida Kahlo como militante Comunista en el lienzo intitulado «Insurrección», que forma parte de la serie de murales «Balada de la Revolución», colocado en el tercer piso del edificio de la SEP. En él aparecen: Tina Modotti, Julio Antonio Mella y Siqueiros, «entre otros fervorosos comunistas». En este año pintó el retrato de Cristina Kahlo y más adelante el de Agustín M. Olmedo.

- Frida convenció al muralista para que tomara como modelo a su hermana Cristina, quien está representada como «La fuerza», «El conocimiento» y también, como «La pureza». Entre los amoríos de Diego consignados por su biógrafo están: «Una indígena de Tehuantepec, una talentosa joven de los círculos oficiales y varias muchachas estadounidenses, quienes habían venido a México a estudiar pintura». La amistad entre Diego y Frida fue madurando.

1929

- Enero. La Internacional Comunista escribió al PC Mexicano y, a Diego en persona, que enviara fotografías de su obra más reciente para una exhibición de arte revolucionario en Moscú, que se llevaría acabo en marzo. En ese mismo lapso, dos publicaciones comunistas criticaron su obra: «Diego nunca ha sido comunista leninista, sino un zapatista agrarista pequeño burgués».

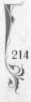

- 10 de Enero. Asesinato del líder estudiantil cubano Julio Antonio Mella.

- 10 de Febrero. Tina Modotti encabezó un acto de protesta en el Teatro Hidalgo, en el curso del cual habló Diego en su defensa. La prensa afirmaba que se trató de un crimen pasional. Finalmente, la sacaron del país, pero antes allanaron su departamento y confiscaron sus papeles. Tina insistió en la complicidad del gobierno mexicano en este crimen.

- 21 de Agosto. Matrimonio de Frida con Rivera, en un juzgado de Coyoacán. Frida escribió: «Nadie fue a mi boda, con excepción de mi padre». Pleito el mismo día de la boda. Regresó unos días a su casa hasta que Diego fue por ella.

- Primer domicilio de los Rivera-Kahlo: Reforma 104.

- Existen dos versiones de la fiesta: Frida dice que fue en la casa de Roberto Montenegro. Andrés Henestrosa, que en la azotea de la casa de Tina Modotti, y que había ropa interior de mujer secándose: «Daba buen ambiente para una boda».

- En ese mismo mes, Diego fue nombrado director de la Academia de San Carlos.

- Poco después de la boda, Diego cubrió la hipoteca de la Casa Azul de Coyoacán, que los padres de Frida no podían sostener (Biogr), y les permitió seguir viviendo allí. En la casa de Reforma vivían: «...una sirvienta llamada Margarita Dupuy, además de Siqueiros y su esposa; Blanca, Luz Bloom y dos comunistas más».

- 3 de Octubre. Diego Rivera dirige su expulsión del Partido Comunista. Portaba una pistola... de barro. La última intervención de Diego en el Partido fue la defensa de Tina Modotti, acusada injustamente del asesinato de Julio Antonio Mella, quien era su pareja. El 10 de enero de 1929, el líder estudiantil cubano había sido asesinado de dos balazos en la espalda, por un pistolero a sueldo, enviado por el general Machado, presidente de Cuba.

- 2 de Noviembre. Carta de Lupe a Frida: «Me disgusta tomar la pluma para escribirte, pero quiero que sepas que ni tú ni tu padre, ni tu madre, tienen derecho a nada de Diego. Solamente sus hijas son las únicas a quienes tiene obligación de mantener, y con ellas a Marika a quien nunca le ha mandado ni un centavo». Este último comentario es falso.

- Fines de 1929. Terminó Diego los murales de la SEP.

- Diciembre. Diego aceptó una comisión ofrecida por el embajador de los EU., Dwight W. Morrow, para pintar un mural en el Palacio de Cortés, en Cuernavaca.

- Diciembre. El embajador estadounidense viajó a Londres y dejó su casa de veraneo para los Rivera. Cardoza y Aragón (historiador) salió huyendo de la casa del matrimonio, por el vértigo en que vivían.

1930

- Abril. Diego es director de la Académia de San Carlos. Sus declaraciones incendiarias y el nuevo método de estudios le acarrean críticas de los estudiantes de arquitectura que amenazan con deshacer sus pinturas. «Estoy armado esperándolos», declaró a la prensa.

- Mayo 10. «Los conservadores» destituyen a Diego de su encargo. En su lugar fue nombrado un hombre sin experiencia en el arte y harto radical: Vicente Lombardo Toledano, el mismo que había sido director de la Preparatoria donde pintó el mural. Lombardo prometió seguir el método revolucionario de Rivera, «pero los coaligados de la oposición se quedaron dueños del campo».

- Noviembre 10. Llegan a San Francisco, USA. Regresaron a su casa de Reforma el 8 de junio de 1931.

- Se instalaron en el estudio de Ralph Stackpole en San Francisco. Diego dio clases en la Escuela de Bellas Artes de California; dos pisos abajo de ellos vivían Lucile Blanch y su esposo, el pintor Arnold Blanch.

- Pintó la Alegoría en la Bolsa, hasta el 17 de enero. Para ese mural, Rivera se obsesionó con la figura de la campeona de tenis, Helen Wills. Dio conferencias en la Sociedad para Mujeres Artistas de San Francisco y en el Congreso de la Asociación de Arte del Pacífico. Recibió ofertas de trabajo en la Universidad de California y en el

Colegio Mills. Las conferencias de Diego eran en Francés. La traducción simultánea la hicieron Emily Joseph, crítica de arte en el San Francisco, y Chronicle, esposa del pintor Sidney Joseph. El mural de la Art School, presenta a Diego y a sus ayudantes de espalda, pintando un obrero.

- Noviembre 21. Carta de Frida a Guillermo Kahlo, en la que le contaba haber conocido al Dr. Eloesser quien está poniéndole unas inyecciones. «Si necesitan dinero, avísenme».

- Diciembre. El Palacio de la Liga de Honor, organizó una exposición exclusiva de la obra de Rivera, la cual también se exhibió en numerosas galerías del estado de California. Sus asistentes llegaron, unos contratados, otros gratis, nada más para aprender del considerado mejor muralista del mundo. Algunos de ellos fueron: Andrés Sánchez Flores (su químico por años), el estucador en jefe, Clifford Wight, lord John Hastings, Matthew Barnes, artista y actor. Diego presentó a Frida con sus amigos: Ralph Stackpole, Timothy Pflueger —arquitecto del nuevo edificio de la Bolsa— y a William Gerstle. Frida conoció al fotógrafo Edward Weston, el 14 de diciembre de 1930.

- Diciembre. En la casa de John D. Rockefeller Jr., se reunió un grupo de empresarios para formar el Mexican Arts Association Inc. Estuvieron allí Winthrop W. Aldrich, banquero y hermano de la esposa de Rockefeller, presidente; Emily Johnson de Forest, esposa del director del Metropolitan Museum; Frank Crowninshield, publicista y miembro del patronato del Museo de Arte Moderno. Se consideró entre los futuros expositores el nombre de Diego Rivera, para el verano de 1931.

1931

- Febrero. Diego terminó la Alegoría. Los Rivera se trasladaron a la casa de la señora Sigmund Stern, amiga de Albert Bender, notable mecenas. Diego pintó un mural en el comedor de la señora Stern. Frida, el cuadro de «Luther Burbank».

- Abril 23. Regresaron a San Francisco para pintar una obra que William Gerstle le encargó a Rivera para la Escuela de Bellas Artes de California. Ella pintó «Frida y Diego Rivera». El mural de Diego se intitula «The making of fresco».

- Mayo 27. Antes de dejar San Francisco, Diego recibió una carta de Valentiner diciéndole que Edsel Ford lo invitaba a pintar en Detroit.

- Mayo 31. Curiosamente, estando en E.U., Frida escribió a Nickolas Muray fechando la carta —en húngaro— en Coyoacán. Le estampó en ella un beso «para detrás de tu cuello».

- Junio 8. La pareja tomó un vuelo a México porque Pascual Ortiz Rubio, presidente, lo mandó llamar para que terminara la escalera del Palacio Nacional.

- Ambos fueron a vivir por un breve periodo en la Casa Azul de Coyoacán. Diego comenzó la construcción de su doble casa en San Ángel. El arquitecto fue Juan O"Gorman. Existe una fotografía de 1931, tomada en la escalera de la casa de Coyoacán, donde aparece junto a Frida y Diego, el director de cine Sergei Eisenstein. Regresaron el 13 de noviembre de 1931 a N.Y.

- Junio 14. Carta de Frida: Diego trabaja en Palacio Nacional. Por medio de Leo mandó saludos a Ralph Stackpole (escultor y anfitrión), a su esposa Ginette y a Clifford Wight, ayudante de Rivera.

- Julio. Frances Flynn Paine, comerciante neoyorquina, consejera artística de los Rockefeller y miembro de la junta directiva de la Asociación de Artes Mexicanas, viajó a México para ofrecerle a Diego Rivera una exposición retrospectiva en el recién inaugurado (1929) Museo de Arte Moderno, en N.Y. La primera exposición fue de Matisse.

- Diego abandonó de nuevo los frescos del Palacio Nacional. Ambos llegaron a N.Y. a bordo del Morrow Castle, en compañía de la señora Paine y el estucador Ramón Alva Diego. Los esperó A. Conger Goodyear, el presidente el Museo de Arte Moderno, quien se convertiría en el amigo íntimo de Frida; Jere Abbot, director asociado y Alfred J. Bart Jr. joven brillante, director del mismo. Se hospedaron en el Hotel Barbizon Plaza, en la 6ª, al lado de Central Park.

- Abby Aldrich, la señora de Rockefeller se convirtió en amiga y patrocinadora de Rivera.

- Conocen a Lucienne y Suzanne Bloch, hijas del compositor suizo, Ernest Bloch.

- Diciembre 23. Inauguración de la muestra retrospectiva en el MAM de N.Y. Cerró el 27 de enero de 1932, registrándose la mayor asistencia al Museo.

1932

- Enero 20. Carta a Matilde Calderón de Kahlo. Desde N.Y. le platica a su madre acerca de las hermanas Bloch, de la rusa que la cuida, Ella Wolfe; de Malú Cabrera, amiga de Lupe Marín. Cita que Diego le dijo que si ganaba algo de dinerito en EU, podrían vivir en México «para siempre». De su papá, mencionó que no debe estar preocupado «porque siente que vive de arrimado». Ahora que ella les puede suministrar ingresos, ella le enviará dinero a su padre para que «pague lo que debe en el Foto Supply». A su madre le dijo: «Yo quiero que ahora a mí me toque vivir contigo»; se queja de que la ha visto muy poco «pues no puedo dividirme entre mi casa y la tuya». Mandó besos «a Cristi, a la niña y a Toño». Preguntó si a Isoldita ya le llegó el regalo.

- Abril 21. Llegaron a Detroit.

- Mayo 26. carta de Frida a Leo Eloesser, preguntándole si debía o no tener al hijo que esperaba. La atendía el doctor Pratt. En esa carta da la impresión de no querer ser madre; para ello pone mil pretextos. Luego del aborto se quejaría amargamente. Frida perdió a ese segundo hijo el 4 de julio de 1932, en el Hospital Henry Ford. Diego está pintando «El hombre y la máquina». Frida mencionó «la herencia maldita de su enfermedad familiar» y externó su temor de que el hijo hubiera nacido mal a causa de la epilepsia de sus padres.

- Julio 29. Carta de Frida al doctor Leo Eloesser, diciéndole que el niño «ni se formó».

- Septiembre 8, jueves. Doña Matilde Calderón está grave. Frida se trasladó en tren junto con una amiga a México. La familia Kahlo Calderón recibió llorando a Frida y a Lucienne en la estación del ferrocarril. Ambas se quedaron a dormir en casa de Matilde, ubicada —entonces— en la colonia de los Doctores. Al día siguiente, Frida y Lucienne van a ver a Matilde en Coyoacán. La amiga escribió en su diario que el padre de Frida, «está sordo».

- Septiembre 10. Frida está en Coyoacán, la madre, grave; manda su amor a un Diego que adelgaza rápidamente en los Estados Unidos, a causa de una dieta muy rígida, prescrita por sus médicos.

- Septiembre 13. Los médicos le extrajeron a Matilde Calderón 160 cálculos biliares. Lucienne registró que Adriana y Cristina vivían en Coyoacán.

- Septiembre 15. Murió Matilde Calderón de Kahlo.

- Septiembre. Lucienne y Frida visitaron la casa doble de San Ángel para ver la obra que estaba realizando el pintor y arquitecto Juan O"Gorman.

- Mediados de octubre. Miguel Covarrubias, pintor y caricaturista y su esposa, la bailarina y pintora Rosa Rolando, ofrecieron una cena de despedida para Frida y Lucienne. Al día siguiente, un grupo como de 20 personas las despidió en la estación de ferrocarril, entre otras, sus hermanas y su padre.

- Terminó el cuadro «Mi nacimiento», en Detroit. Diego estaba muy delgado. Lucienne relató que Rivera estaba irascible a causa de la dieta; no dormía ni dejaba dormir. Lucienne buscó un departamento para mudarse.

- Octubre. Diego fue seleccionado para pintar un mural en el Centro Rockefeller de N.Y. En enero de 1933, supuestamente tendría que hacer otro sobre la «maquinaria y la industria», en Chicago.

1933

- Enero 16. Lupe escribió a Frida diciéndole que había tenido una entrevista con Angelina Beloff, ex esposa de Diego. Lupe estaba en París y comentó que no le gustó la Beloff; que no era mala porque no tenía imaginación; que no le interesaba y no entendía cómo Diego había podido vivir con ella.

- Enero y Marzo. Frida escribió a Abby Rockefeller desde Detroit.

- Febrero. Detroit News realizó una entrevista con Frida. Trabajaba en el autorretrato con blusa blanca y un collar precolombino en cuentas de jade. El verde se repetía en la cinta. La nombraron en la nota, Carmen Frieda Kahlo Rivera.

- Marzo 12. Se inauguró el mural de Rivera. Edsel Ford tuvo que salir en defensa de Diego. El periódico «El Mundo» lo criticó acremente y algunos ciudadanos estadounidenses amenazaron con borrar el mural.

- Marzo tercera semana. Frida y Diego llegaron a la Estación Central de N.Y., acompañados por Ernst Halberstardt y Andrés Sánchez Flores. Dos días después llegaron al Hotel Barbizon Plaza y Diego comenzó a pintar en el edificio de la RCA.

- Frida estaba con sus amigas Lucienne Bloch y Stephen Dimitroff. Se burló de la prensa «por su nueva pornografía». Relató en una carta que se portó «como niña traviesa haciendo aviones de papel en el Carnegie Hall». Diego pintaba entonces a los hombres de Wall Street perdiendo el tiempo y borrachos. Nelson Rockefeller había firmado el contrato con Rivera y no hacía caso al recelo de Frances Flyn Paine, quien sirvió de agente de Diego.

- Abril 11. Carta en la que Frida se quejaba con Clifford Wight de que Lupe Marín estuvo allí por dos semanas; que su amiga O'Keeffe estuvo enferma en el hospital, que se fue a Bermuda para descansar y que O"Keeffe, no le hizo el amor.

- Abril 24. El N.Y. World Telegram, publicó que el muralista Diego Rivera estaba pintando «escenas de actividades comunistas».

- Mayo 1º. Rivera había convertido a un líder obrero en el retrato de Lenin. Le solicitaron la rectificación de ese detalle. Diego se negó e insistió en que «podrá compensarlo» si le permitían pintar a Abraham Lincoln a su lado.

- Mayo 9. La policía tomó el local donde Diego pintaba. Le exigieron desalojar. Recibió un cheque de 14 mil dólares adeudados, por un total de 21 mil, más una carta que consignaba su despido. Se organizaron manifestaciones afuera de la casa de Nelson Rockefeller en defensa del arte. Nueve meses después, cuando Rivera ya no estaba en N.Y., se mandó despegar el mural y se tiró a la basura.

- Mayo 12. Albert Kahn, arquitecto del edificio de la General Motors, en Chicago, le anunció a Diego que se había cancelado la comisión para el mural «Forja y fundición», de la feria.

- Diego —ofendido— ofreció pintar gratuitamente el mismo mural a la ciudad de N.Y., pero no le dieron sitio. Por fin, en el número 51 de la calle 14, en un edificio que iba a ser demolido, ofreció pintar la idea revolucionaria de la historia de los E.U. Se trataba de la sede de la Sociedad Lovestonita llamada «Nueva escuela para trabajadores», (antiestalinistas, encabezados por el amigo y biógrafo de Rivera, Bertram W. Wolfe).

- Mayo 29. Lupe sigue en Francia (a costillas de Rivera). Visitó a los amigos comunes y acudió a una galería en donde se exhibía una pintura cubista de Diego, que ella quería comprar para ponerla en una galería que pensaba abrir al regresar a México. Urgió a Frida para reunirse con ella y pasar juntas un mes en París.

- Junio 3. Diego y Frida se mudaron al sur de Manhatttan, en el no. 8 de la calle 13. Lupe Marín llegó a vivir con ellos. El biógrafo de Rivera afirma que los tres vivían en un extraño «*ménage a trois*». Tres años más tarde —explica Wolfe— cuando visité a la hermana de Frida, Cristina, me encontré allí a Frida, a Lupe y a Angelina Beloff.

- En septiembre se mudan de nuevo al hotel Brevoort, en la Quinta y la Ocho. Mientras esto pasaba, Rivera se documentó y comenzó a dar conferencias en sindicatos y universidades de N.Y. Hubo enfrentamientos con la policía y Rivera exhortó a los estudiantes a quitarle el control de la Universidad a Nicholas Murray Butler. Junto a ellos estuvieron Marjorie Eaton y Louse Nevelson, dos jóvenes artistas; la bailarina Ellen Kearns y el escultor John Flanagan. La bella Louise Nevelson sería otro dolor de cabeza para Frida. Se quejó de esto con Suzanne Bloch.

- Octubre 27. Carta de Frida a María Rivera Barrientos, hermana de Diego. Le agradecía que quisiera ir a recogerlos a Veracruz y le pidió comprar un boleto para una de sus hermanas y acompañarla. No sabía cuándo llegarían, porque Diego no se lo diría hasta 8 días antes de partir.

- Noviembre 16. Frida escribió a Isabel Campos manifestándole su deseo de regresar a México. Ya no aguantaba a los *gringos*. Pintó «Ahí cuelga mi vestido». Se quejó de que su hermana Cristi no le escribiera porque tenía mucho trabajo con los niños, y mencionó que su hermana Maty ahora vivía en Coyoacán.

- Diciembre 5. Fiesta de despedida a los Rivera. Diego estaba furioso con Frida (Carmen, por los fascistas) porque afirmaba que no quería regresar a México, pero que ella lo estaba obligando a dejar los Estados Unidos. Los murales fueron expuestos al público el 8, 9 y 10 de diciembre.

- Louise Nevelson realizó una colecta para comprar los boletos de regreso para el matrimonio Rivera-Kahlo.

- Diciembre 20. Diego y Frida se embarcaron en el buque «Oriente» con rumbo a La Habana y, después, a Veracruz. Llegaron a las casas de Palmas y Alta Vista.

1934

- Este año Frida no pintó.

- Diego regresó a terminar los frescos de la escalinata del Palacio Nacional y le ofrecieron el Palacio de Bellas Artes para que pintara de nuevo el mural del Centro Rockefeller, que se había mandado borrar en los Estados Unidos. El primer mural se intituló «México de hoy y de mañana». También en el Palacio Nacional pintó «Los hombres de la Revolución» repartiéndose el botín de la patria entre sí. Quienes lo propusieron para Bellas Artes, «arreglaron» que Rivera acudiera a Ginebra a pintar, como un obsequio del gobierno mexicano a la ONU; después vendría el mural de la Nueva Escuela de Medicina. El dinero de Medicina se tardaba en llegar y el asunto de la ONU, se diluyó. Para Diego, durante 9 años, no hubo un muro en México, según su biógrafo, Bertram D. Wolfe.

- Julio 11. Carta de Frida a Ella Wolfe. Escribe que encontró a Siqueiros y no le respondieron el saludo, ni ella ni Diego. Diego padecía de fiebre nerviosa (agotamiento), por eso no había comenzado a pintar los muros de Medicina, que ya estaban listos.

- Octubre 18. Carta de Frida a Bertram D. Wolfe, en la que explicaba las causas de su depresión: Cristina y Diego.

- En otoño. Diego invitó a Marjorie Eaton a su casa; «En cuanto entré un mono araña de inmediato se me sentó en la cabeza», consignó Marjorie.

- Octubre 18. Frida en una carta dio su nueva dirección: Insurgentes 432. Ya no puede ni quiere vivir con Diego. También se quejó de que Cristina fuera a poner gasolina a su auto justo enfrente de su casa, «habiendo tantas gasolineras en México».

- Cristina y sus hijos vivían en la calle de Florencia, donde Diego los instaló. Regaló a ambas hermanas un juego de sala idéntico, azul para Frida, rojo para Cristina.

- Noviembre 13. Carta a Leo Eloesser. Es el santo de Diego, se comentó que «la pasaron bien».

- Noviembre 26. Carta de Frida a Leo Eloesser: «Perdoné a mi hermana y creí que con esto las cosas cambiarían un poco, pero fue todo lo contrario».

1935

- En este año Frida pintó dos nuevos cuadros: «Unos cuantos piquetitos» y el «Autorretrato» de ella con el pelo corto y rizado. Se sentía «asesinada por la vida».

- Principios de julio. Frida decidió salir de México, rumbo a N.Y.. Tras conocer a un piloto de un «Stinson» en una fiesta dada por Diego, Frida, Anita Brenner y Mary Schapiro, deciden viajar. Mary (recién separada de su esposo) y Frida se quedaron en el Hotel Holly, cerca de la Plaza Washington. Se confió a Lucienne, Bertram y a Ella Wolfe en su dolor. Decidió que viviría con Diego en un matrimonio de «interdependencia mutua». Se refiere a las dos casas de San Ángel, unidas por un puente y a que no quería depender económicamente del muralista.

- Angelina Beloff llegó invitada a México por amigos pintores. Se dice que no buscó a Diego, y que cuando se encontraron ambos en un concierto, pasó a su lado «sin reconocerla».

- Julio 23. Carta para Diego. Frida le comunicó que encontró «cierta carta en cierto saco, de una dama alemana» que tendría que ver con cierto Valentiner: «me dio mucho coraje, y a decir verdad, celos». Se refería a Angelina Beloff.

- Según Diego (memorias), unos asesinos contratados por el embajador de Alemania, disparon en dos ocasiones hacia el estudio del pintor, al sitio donde —supuestamente— estaría sentada su secretaria, que no era otra sino Cristina Kahlo. Él comprendió que el ataque estaba dirigido en contra de lo que él más quería, o sea, Frida. Pintó tres cuadros: «Recuerdo», «Recuerdo de la herida abierta» y «Frida y el aborto».

- Agosto 19. Cartas y recados de Frida para su amante Ignacio Aguirre.

- Agosto24. Solicitó a Ignacio que le escribiera a la «lista de correos de Coyoacán». El 12 de septiembre fue a buscarlo a «Aviación» y no lo encontró. El 14 de octubre pidió que le escribiera a Londres 127, Coyoacán.

- Agosto 26. Diego Rivera dictó conferencias en Bellas Artes: «Las artes y su papel revolucionario dentro de la cultura».

- Octubre. Frida envió notas y recados a Misrachi pidiéndole dinero. Mirsachi fungió como representante, agente, contador y banquero de los Rivera, entre 1935 y 1946.

- Frida agradeció a Luisa Kahlo que le prestara un cuartito para sus encuentros amorosos. Este lugar estaba ubicado cerca del cine Metropolitan. Se veía con Isamu Noguchi, quien declaró que la quería mucho y que se veían en distintos sitios: «Un lugar era la casa de su hermana Cristina; otro, la casa azul de Coyoacán». El flirteo duró 8 meses y Frida comentó que salían a bailar todo el tiempo. Los amantes planearon rentar un departamento para verse y hasta compraron muebles, pero el encargado, inocentemente, llevó la factura a Diego Rivera pensando que los muebles eran para ellos. Ahí terminó el amorío. Existe otra historia: Que estando juntos en la Casa Azul, llegó Diego. Noguchi intentó vestirse y salir por la azotea, pero uno de los escuincles (perro) sacó un calcetín y se lo llevó a su dueño, el señor Rivera. Éste sacó la pistola y dijo: «La próxima vez que lo vea, lo voy a matar».

- Cuando Frida regresó a San Ángel en 1935 ya había perdonado a su hermana Cristina y volvió a frecuentar a Adriana y a Matilde. Los hijos de Cristina, Antonio e Isolda, fueron sus consentidos. Las casas azul y rosa de Altavista siguieron siendo la Meca para artistas e intelectuales, por ejemplo, llegaron hasta ahí John Dos Pasos, Waldo Frank, Lázaro Cárdenas, Manuel Álvarez Bravo, María Félix y Dolores del Río, con quien Frida hizo gran amistad.

1936

- Abril 29. carta. Frida escribió a Carlos Chávez diciéndole que llevaba dos semanas internada en el Hospital Inglés «pues me volvieron a operar la pata con resultado medio dudoso». Le comunicó que Diego está muy malo del ojo izquierdo. Encontraron estreptococos en el lagrimal. Por la correspondencia de Frida, se conoció que el mono, «Fulang Chang» lo rasguñó en la cara.

- En verano. Angelina Beloff decidió regresar a París. Preguntó a Bertram Wolfe si sería posible que Rivera firmara algunos dibujos que le había dejado en Europa, a fin de venderlos. El biógrafo de Diego le respondió que fuera a buscarlo al Hotel Reforma, porque allí pintaba todo el día. Por la noche, mientras cenaba Wolfe con Frida en su domicilio, llegó Rivera cansado (trabajaban juntos en la redacción del «*Portrait of México*»). Diego, metiendo la mano a su pantalón dijo: «¡Caracoles, me olvidé de devolver a Angelina su pluma fuente!»

- Julio 18. Estalló la Guerra Civil española. Frida se unió a la «Delegación de Exterior» que reunía fondos para los refugiados.

- Marzo. Carta de Frida a Bertrand Wolfe, en donde se discutían dos libros de Diego, su biografía y «Retrato de México y América».

- Noviembre 21. Desde N.Y., Anita Brenner envió a Rivera un telegrama en el que le informaba que era cuestión de vida o muerte averiguar, de inmediato, si el gobierno mexicano estaba dispuesto a concederle asilo político a Trotsky y a su familia. Diego consiguió el permiso del presidente Cárdenas, en Torreón.

- Diciembre 17. Carta al Dr. Leo Eloesser en la que asentó que lo que debería hacer ella era ir a España. Habló de colectas para los obreros, sus esposas e hijos, ahora que los primeros estaban luchando en el frente; no sólo los sindicatos mexicanos darían dinero, también en los E.U.

- Diciembre 19. León y Natalia se embarcaron en el buque aljibe «Ruth», en Oslo, rumbo a México.

1937

- Al desembarcar los Trotsky estaban esperándolos, entre otros, Max Sachtman y George Novak (*gringos trotskistas*), más Frida que fue

en representación de su esposo. Cárdenas envió un ferrocarril especial llamado «El Hidalgo». Abandonaron Tampico en secreto a las 10 de la noche y llegaron a Lechería el 11 de enero de 1937. El hospital dejó salir a Diego, temporalmente.

- 1937. Diego Rivera ilustró la portada de la novela «La única», de Lupe Marín.

- Enero 9. León Trotsky y Natalia llegaron a vivir a la casa de Coyoacán. Se instalaron allí dos años sin pagar renta. Cristina y sus hijos se mudaron a la parte trasera de la casa; Guillermo Kahlo se fue a vivir con Adriana.

- Al llegar Trotsky a Coyoacán estaba presente Agustín Víctor Casasola (1874-1938) con su cámara, entre otros fotógrafos de prensa.

- Hasta la Casa Azul llegó Jean van Heijenoort, matemático francés, quien había sido secretario de Trotsky desde 1932. Se consignó que, como ni Leo ni Natalia hablaban español, Cristina y Frida fueron sus intérpretes y guías. A veces Cristina fungió de chofer. Frida mandó tapiar con ladrillos las ventanas que daban a la calle por temor a un atentado.

- Enero 25. Dos semanas después de llegar a México, el Time publicó que León Trotsky estaba dictando de nuevo la biografía de Lenin. Diego estaba en el hospital por un mal renal y Natalia, posiblemente enferma de malaria.

- Trotsky pidió que se formara un comité internacional para revisar su juicio, llevado a cabo en Moscú. Éste estuvo conformado por 6 estadounidenses, un francés, un italiano, 2 alemanes y un mexicano. John Dewey fue el presidente. Diego Rivera compró un predio a la derecha de su casa, con el fin de evitar que atacaran al revolucionario ruso por la azotea.

- Abril 10. Comenzaron las audiencias en defensa de León Trotsky. Se pusieron barricadas de 2 metros de alto y sacos de arena para evitar un ataque. En la recámara principal se colocaron 40 asientos; en total fueron 13 sesiones.

- Finales de Junio. Natalia estaba celosa de Frida.

- Julio 7. Trotsky dejó por un tiempo Coyoacán para ir a una finca en San Miguel Regla.

- Julio 11. Frida acudió a visitarlo acompañada de Federico Marín, hermano de Lupe. Ella mintió al decir que Natalia «no pudo ir». Ésta replicó a su esposo, por medio de una nota, que ni siquiera le avisaron. Se supone que en esta entrevista, Frida y Leo terminaron su relación. El séquito de Trotsky temió que el romance se hiciera público y su jefe se desacreditara. En realidad Frida se cansó de la forma de ser de Leo. (Diario de Frida)

- Julio 15. Definitivamente, el juego ha terminado.

- Septiembre. Se dictó el veredicto de inocente para León Trotsky.

- Frida tenía 30 años. Se refería a Leo como «el piochitas» o «el viejo». Decía de él que no era romántico ni sentimental, sino más bien directo. Manifestó interés por Cristina, pero ésta lo rechazó. De esta época fueron los cuadros: «Fulang Chang y yo» y «El escuincle y yo». Los gestos del mono sobre el rostro de Frida, dieron cuenta de su muy peculiar sentido del humor.

- Noviembre 7. En el cumpleaños de Trotsky ella le dedicó una pintura. Leo cumplió 58 años.

1938

- Febrero 14. Carta de Frida. Escribió a Lucienne Bloch y le dio la noticia de haber vuelto a usar sus vestidos mexicanos y del crecimiento, nuevamente, de su cabello (cuadro de «La Pelona»). Estaba contenta porque Julian Levy le había escrito para decirle que alguien le habló sobre su trabajo y se interesaba en montar en octubre una exposición en su galería y en la exhibición de cuadros de Diego. «Si todo sale bien, iré en septiembre a Nueva York». Estaba exponiendo en la Galería Universitaria, dirigida entonces por Miguel N. Lira, su amigo.

- Marzo 13. Carta a Ella Wolfe. Le contó sobre la operación del pie, por cuarta vez. «Puedes decirle a Boit (Bertram) que ya me estoy portando bien, en el sentido de que ya no bebo tantas copiosas... lágrimas... de coñac, tequila, etcétera... Bebía porque quería ahogar mis penas, pero las malvadas aprendieron

a nadar y ahora ¡me abruma la decencia y el buen comportamiento!». Diego —sigue— está igual y contento con la Cuarta Internacional y con León Trotsky. «Inquietudes de orden sentimental y amoroso... ha habido algunas pero sin pasar de ser puramente vaciladas». Le contó que su hermana Cristina «estuvo muy grave y tuvieron que operarla de la vesícula biliar... Sus chiquitos están preciosos, Toñito (el filósofo) está cada día más inteligente y ya construye con el mecano muchas cosas. Isoldita ya está en tercer año; está rete chula y muy traviesa». Mencionó también a su hermana Adriana y al «güerito» Veraza, su cuñado.

- Abril. El «papa del surrealismo», André Bretón, vio la obra de Frida por primera vez. Lo envió a México el Ministerio para Asuntos Exteriores de Francia. El artista estaba feliz de dejar la guerra y de entrar en relación con Trotsky (estuvo en el PC desde 1928).

- Breton y su esposa Jacqueline se quedaron primero en casa de Lupe Marín y después en las casas de Altavista con los Rivera. Frida no hizo migas con Breton pero sí con Jacqueline, que era pintora.

- Julio. Viaje de los Breton, los Rivera y los Trotsky a Pátzcuaro, Michoacán. Jacqueline contó que se comportaron como colegialas, pues Leo era muy estricto y ni siquiera las dejaba fumar. Frida no quería a Breton, pero él estaba encantado con ella. Escribió un ensayo —sobre la obra de Frida— para la Galería Levy.

- Diego pintó uno de los mejores retratos que existen de Lupe Marín.

- En verano. Casi subrepticiamente, Diego Rivera logró la primera venta importante de los cuadros de su esposa. El comprador fue el actor de cine Edward G. Robinson, quien acudió con su esposa Gladys al estudio que Frida mantenía en México. Compró 4 cuadros por 200 dólares cada uno.

- Octubre. Fiesta de despedida. Frida salió a N.Y.. Les hizo creer a Levy y a Noguchi que se había separado de Diego y ahora vivía su vida. Levy contó que, con toda desfachatez, decía que las amigas de su marido lo eran también de ella. Diego le hizo muchas recomendaciones sobre cómo comportarse, a quien cultivar y a quiénes invitar.

- Noviembre 1. Exposición de Frida en la Julien Levy Gallery, de N.Y., que duró hasta el 15 del mismo mes. En la Galería habían expuesto: Emilio Amero (1935), Manuel Álvarez Bravo (mayo de 1935), Rufino Tamayo (octubre, 1937) y Siqueiros (mayo de 1938). En esta exposición se usó la frase «Una pintora por derecho propio». (lista de invitados, biografía, p. 197) El crítico del Time utilizó la frase de Breton: «Una cinta que envuelve una bomba». Se vendieron la mitad de los cuadros. Clare Boothe Luce (Vanity Fair) no pidió un retrato, pero sí encargó la pintura del suicidio de su amiga, la actriz Dorothy Hale. En 1940 compró el retrato obsequiado a Trotsky. Conger Goodyear quería el cuadro «Fulang Chang y yo», pero era de Mary Sklar; le pidió a Frida un retrato semejante que iba a donar al Museo de Arte Moderno. Al final se quedó con él, y a su muerte lo legó al Museo Albright Knox («Autorretrato con chango»).

- Levy presentó a Frida con dos surrealistas famosos: Pavel Tchelitchew y al crítico Nicolás Calas.

- Frida se enfermó. Anita Brenner le presentó al doctor David Glusker, años después, muy amigo de Frida, y él consiguió curarle una úlcera trófica que tenía en el pie.

- En Pensilvania Levy le presentó a Edgar Kaufmann, Sr., quien quería patrocinarla. Ambos hombres la pretendían. Tras jugar con los dos, eligió a Levy.

- Frida se reencontró con el fotógrafo Nicolas Muray, quien le tomó una célebre fotografía en el Museo de N.Y. Era campeón de esgrima y piloto aviador. Él fue un pretendiente mucho más serio. Ellos se habían visto antes, y fueron presentados en México por Miguel Covarruvias. (Cartas de febrero de 1939)

- En una carta escrita a Alejandro Gómez Arias, Frida confesó a su amigo que el prefacio de A. Breton no quiso Levy traducirlo y eso le pareció pretencioso (se quedó en francés). Le preguntó si vio la revista Vogue y le anunció que en Life de esa semana saldría algo sobre ella.

- Diciembre 3. Carta de Diego a su esposa, por medio de la cual le preguntó por qué no tenía noticias de ella después de tantos días. Le anunció que Dolores del Río iría a pasar Navidad en N.Y.; le pidió buscarla y le sugirió no perder la oportunidad de ir a Francia.

1939

- Enero. Frida se embarcó para Francia.

- Enero 9. Carta de Frida a Diego. Le pregunta cómo estuvo el lío en Coyoacán (1er. desencuentro Diego - Trotsky). Le pidió no jugar mucho con Fulang Chang porque podía lastimarle el ojo seriamente. Preguntó cómo estaba «la pellita» y le pidió que no la dejara cazar mucho «porque se descompone». «¿Ya subieron mi bicicleta a mi cuartito? No quiero que me la cojan los escuincles. Lupe, ¿se porta bien?»

- Enero 11. Trotsky y Diego rompen relaciones. Leo declaró a la prensa que ya no sentía «solidaridad moral con Diego Rivera»; sin embargo, el ruso le escribió una larga carta a Frida, pidiéndole su intermediación para evitar el rompimiento entre ambos. Incluso, trató de persuadir a Diego de que aclaran puntos, pero el muralista estaba muy irritable con la ausencia de Frida.

- Febrero 16. En carta a Nicolas Muray, Frida informó que los cuadros todavía estaban en la aduana «porque ese hijo de... Breton no se tomó la molestia de sacarlos». De Marcel Duchamp opinó que es un pintor maravilloso, el único que tiene los pies sobre la tierra. Le declaró su amor y firmó como Xóchitl.

- Febrero . En una carta Frida relata a Muray que se resolvió el problema de la muestra y que Marcel Duchamp la conectó con la Galería Pierre Colle, quien era el comerciante de Dalí. Sacará los cuadros de la aduana el día 23 y la exposición se inaugurará el día 10 de marzo. Conoció a Paul Eluard y Max Ernst (que era como hielo seco, contó Frida).

- Febrero 27. Francia y Gran Bretaña reconocieron al Régimen de Franco.

- Mismo día, carta a Muray en donde le dice que se enfermó de colitis por una infección bacteriana que se le pasó a los riñones. Va al Hospital Americano. No regresó al hotel, sino a casa de una buena mujer: Mary Reynolds. Ahí Frida se ligó sentimentalmente con un miembro del partido trostkista.

- Estando en París, Frida se enteró de la derrota de los Republicanos. Junto con Diego planeó la salida de unos 400 españoles. Abomina

Francia. Ahí también conoció a Mornard (Mercader), agente de la GPU, quien sería el asesino de Trotsky. Cortejaba en París a Sylvia Angeloff.

- Marzo 10. Exposición «*Mexique*», con su obra, óleos de diversos autores, fotografías de Álvarez Bravo y objetos prehispánicos que Breton había comprado en México. «Puras baratijas», diría Frida. Allí conoció a Joan Miró y a Kandinsky.

- Marzo 17. Carta a Bertram en la cual Frida le comentó que Diego ya rompió con la Cuarta Internacional.

- Frida canceló la exposición que se planeaba llevar a Londres en la primavera de 1939. La guerra había oprimido al mercado. Ésta se llevaría a cabo —más adelante— en la galería Guggenheim Jeune, propiedad de Peggy Guggenheim.

- Fotografía de Frida con el cervato «Granizo». Ésta fue tomada en 1939 por Muray.

- En Francia, Picasso le enseñó a Frida la canción de «El Huerfanito», que llegó a ser una de sus preferidas. Le regaló también un par de aretes de oro con forma de manos. Son los mismos que aparecen en un autorretrato dedicado al doctor Eloesser, en el que aparece con una corona de espinas como collar.

- Marzo 25. Frida se embarcó en Havre, al noroeste de Francia, rumbo a N.Y.

- Abril. Ella vivió poco tiempo en N.Y. con su amiga, la pianista Ella Parece. Abandonó precipitadamente esta ciudad y terminó su relación con Nick Muray. Regresó a México, pero estaba deprimida por la pérdida de esta relación.

- Junio 13. En carta enviada a Muray, Frida reacciona porque éste se va a casar; está molesta. Le exigió quitar su retrato y no ir con su nueva mujer a los sitios donde ellos fueron juntos. Le pidió devolverle sus cartas.

- Junio. Comenzó el proceso de divorcio con Diego, ella va a vivir a la Casa Azul. En 1940 pintó el autorretrato «La pelona». 19 de septiembre. Empiezan los trámites del divorcio con Diego.

- Lupe Marín declaró que cuando Frida ya no servía para nada, Diego volvió a cantar en su ventana. Otros creen que el divorcio fue para proteger a Frida de posibles ataques contra su persona. Los hay que murmuran sobre un posible triángulo entre Diego, Irene Bohus y Paulette Goddard en 1939, mientras le hacían un retrato a la estrella de cine estadounidense. Frida decía que la separación era la única forma de salvar la amistad de los dos.

- Octubre 13. Carta a Nickolas Muray en donde le narró que había peleado con Diego y hacía un mes que no lo veía. Necesitó dinero para el abogado y aseguró que nunca más recibiría dinero de su esposo.

- Noviembre 6. Se divorciaron Diego y Frida

- Noviembre 23. Carlos Chávez pidió la beca Guggenheim para Frida, al Dr. Henry Allen Moe, a quien le escribió que la pintora acababa de divorciarse de Diego Rivera. No recibió la beca.

- Diciembre 6. Carta de Frida a Edsel B. Ford pidiendo trabajo para Ricardo Arias Viñas, refugiado español, enamorado de Frida.

- 39-40. Frida tiene una fungosis en la mano derecha y dolores en la columna. A finales de 1939, estaba tan desesperada que tomaba una botella de brandy diaria. «No lo puedo perdonar», decía Frida de su esposo. «Caimito de Guayabal», el chango que Rivera le regaló después de un viaje al sureste mexicano, calmó un poco su soledad (Biogr. p. 239).

1940

- Enero 17 a Febrero de 1940, se llevó a cabo la Exposición Internacional del Surrealismo, en la Galería de Arte Mexicano de Inés Amor, en la ciudad de México. Frida participó con «Las dos Fridas» (1939) y «La mesa herida» (1940). Esa muestra ya había viajado a Londres y a París, organizada por Breton, por el poeta peruano César Moro y el pintor surrealista Wolfgang Paalen, quien emigró a México en 1939 con su esposa Alice Rahon, pintora y poetisa surrealista, amiga íntima de Frida Kahlo («Lo que me dio el agua»). Por aquella época siguió carteándose con Nick (Muray) y éste le envió dinero. También Diego participó en esta Exhibición con dos cuadros: «Majandrágora aracniletrósfera en sonrisa» y «Minervegtanimortvida».

- Febrero 6. Carta de Frida a Nick: «Me corté el cabello y parezco un hada». Se confirma en esta misiva que la aventura de Diego fue con Paulette Goddard («Autorretrato de pelona»). Frida subrayó en una nota a Diego, sus motivos de enojo: «Mira que si te quise fue por el pelo, ahora que estás pelona, ya no te quiero...».

- Febrero 27. Carta a Dolores del Río. Le pide prestados 250 dólares. Le sugiere que los mande por cable a Londres 127, Coyoacán.

- Marzo. carta a Dolores del Río, le pidió perdón por no haber pagado su deuda, pero «no me dieron la beca Guggenheim». Afirmó que después del divorcio con Diego le costó mucho nivelar su presupuesto. Recordó que Diego la ofendió tanto, que no pudo perdonarlo; que le halagaba que a su amiga le hubiera gustado el cuadro de «Dos desnudos en un bosque», que le envió.

- Marzo y Junio. Frida pidió dinero a Misrachi.

- Mayo 24. Siqueiros y un grupo atacaron la casa de Trotsky, sin lograr eliminarlo.

- Paulette Goddard le avisó a Irene Bohus que la policía acordonaría la casa de Rivera en San Ángel. La mujer lo sacó en el piso de su auto cubierto con varios lienzos. Salió frente al coronel De la Rosa. Dos políticos le dan un pasaporte para que salga hacia San Francisco. Mientras tanto, Diego se esconde en la casa de un amigo (ver entrevista, «Los Fridos»)

- Junio 11. Carta-informe a Diego Rivera. Ella estuvo viviendo en Coyoacán y Diego debió salir del país por el asesinato de Trotsky. Ella guardaba el "Tresor de Moctezuma". Los ídolos contados por ella se quedaron en la casa de San Ángel a cargo de Mary Eaton. Se quejó con Diego por la conducta de la «señorita Irene Bohus y de la señora Goddard» y le advirtió que otros trabajan más y no reciben su gratitud, como Arturo Arámburo. Se enojó porque (Irene) Bohus iría como ayudante de Diego a San Francisco: «Ojalá aprenda fresco en sus ratos de ocio, después de montar a caballo por las mañanas y dedicarse al deporte de amaestrar babosos». Subrayaba que la Mary Eaton y su madre «...son un par de pendejas de mierda...». Mandó cortar el teléfono de Altavista. De Federico, hermano de Lupe Marín, dice, «...nos trata a mi hermana Cristina y a mí como si fuéramos sus pinches limosneras...». Le informó que sus animalitos estaban bien: La perrita, el lorito y el mapache; «los chirizos y el burro los tiene Arámburo en su casa»; a la mona no la quiere Mary, «así es que la voy a traer para acá». Le aconsejaba arreglar sus cuentas con Lupe Marín para que no le embargara sus casas; hablaba de que ella (Lupe) hizo «un negocio puerco» en Nueva York (se refiere al juicio contra Wolfe por difamación). Se quejaba de que había vivido del dinero de Diego, que su pintura (de ella) «no sopla» y que ya no le interesaba tratar a nadie «ahora que ya no soy tu mujer» y menos aún ir a N.Y. con las Irenes (Bohus). Le pidió no cansarse ahora que comenzaba el fresco y que se cuidara los ojos.

- Agosto. Mercader asesinó a Trotsky. Frida se enferma de gravedad por el hecho y por la ausencia de Diego. Lo llamó a San Francisco: «¡Estúpido! Lo mataron por tu culpa. ¿Para qué lo trajiste?»

- Interrogaron a Cristina, Frida y su amigo español, por 12 horas.

- Septiembre. Frida, tras discutir con el Dr. Eloesser la infidelidad de Diego, decidió volver con él. Tomó un avión y llegó a San Francisco.

- Adelina Zendejas declaró que en una ocasión fue a visitarla al hospital y la encontró colgada de unos anillos de acero, pintando. Fue la época en que tuvieron que ponerle costales de arena para estirar la columna.

- Octubre 24. Carta de Frida a Emmy Lou Packard desde Nueva York. Comentó estar muy preocupada por los ojos de Diego y le pidió preguntarle al Dr. Eloesser acerca del tratamiento que le estaban haciendo (sulfanilamida). Le confesó a su amiga que, de no estar ella cerca, nunca lo habría dejado solo en San Francisco. Habló de un nuevo lío entre Diego y Guadalupe Marín, quien debía estar furiosa porque ellos se volverían a casar. «A Lupe, aseguraba, sólo le interesan el dinero y el escándalo».

- Frida viajó a Nueva York para arreglar una exposición planeada para 1941, y para servir de testigo en favor de Bertram Wolfe y su editor, a quienes Lupe Marín había demandado por difamarla en la biografía. Cuando salió para N.Y. la acompañó Heinz Berggruen.

- Noviembre 1. Carta a Sigmund Firestone desde N.Y., en la que le comunicó que los doctores en México decían que tenía tuberculosis en los huesos y que la querían operar de nuevo de la espina. Por esa razón —aseguró— viajó a San Francisco y estuvo más de un mes internada. Tiene una infección en el riñón que le afectó la pierna derecha, y anemia. Como se sentía mejor iría a San Francisco para casarse de nuevo con Diego. Le pidió prestados 100 dólares y se comprometió a que Rivera le enviaría su autorretrato. Frida lo tendría listo en ese año, y Diego uno después. Firestone pagó por ambos 500 dólares.

- Frida sostenía entonces una relación con el joven Heinz Berggruen, refugiado de la Alemania Nazi (25 años), después fue un coleccionista de arte. Era funcionario de relaciones públicas para el Proyecto Internacional del Golden Gate, donde trabajaba Diego. «Frida te va a gustar mucho», le advirtió Diego. El romance terminó trágicamente para él, cuando Frida aceptó una de las tantas pedidas de mano de Diego. El intermediario fue el doctor Eloesser.

- Noviembre 28. Frida llegó a San Francisco, pero no quiso ir a la inauguración del fresco, «no quiero ver a Paulette ni a las otras viejas», confió a Eloesser. Las condiciones que impuso Frida fueron: Mantenerse con el producto de su trabajo, que Diego pagara sólo la mitad de los gastos de la casa y que no tuvieran relaciones sexuales.

- San Francisco, noviembre de 1940: «...Diego mi amor, no se te olvide que cuando acabes el fresco nos juntaremos ya para siempre, sin pleitos ni nada, solamente para querernos mucho. No te portes mal y haz todo lo que Emmy Lou te diga. Te adoro... Tu niña, Frida (escríbeme)».

- Diciembre 8. Diego y Frida se casaron por segunda vez. Él tenía 54 años. Luego fueron a California en una segunda luna de miel y ella pasó Navidad con su familia en Coyoacán.

- Diciembre 9. Carta a Firestone para agradecer el telegrama y su regalo de bodas.

- Diciembre. Carta de Frida a Emmy Lou desde Coyoacán. Le pidió que Diego viera a un oculista en Los Ángeles. Los 10 tableros al fresco que Diego pintaba, fueron encargados por el arquitecto Timothy Pflueger para la Golden Gate International Exposition.

- Exposición «Veinte Siglos de Arte Mexicano», organizada por el Museo de Arte Moderno de N.Y. («Las dos Fridas»).

- Diciembre. Murió «Bonito», el loro, y Frida le hizo un entierro solemne. Por la misma época a «El Caimito» (mono) le dió pulmonía.

1941

- Febrero. Diego termina el mural de «La Isla del Tesoro». Regresó a México y vivieron juntos en la Casa Azul. La casa de San Ángel se mantuvo como estudio. Diego trajo a México a la señora Jean Wight, amiga de ambos, a quien Frida no soportaba por «... hipocondriaca y floja...». Emmy Lou siguió apoyando a Diego en su estudio.

- Marzo 15. Carta de Frida a Leo Eloesser, para contarle las indiscreciones de Jean Wight, «...mujer que repite (mal) lo que oye...». Que Diego no la aguantó en su casa de San Ángel y ella se la tuvo que llevar a Coyoacán donde no la ayudaba en nada. Le pidió al doctor buscarle un trabajo en E.U. La situación política de Diego seguía siendo delicada.

- Julio 18. Carta a Eloesser. El padre de Frida murió. Jean no tenía trabajo fijo, pero ya no vivía con ella. Le aseguraba a Leo que ya no bebía; le pidieron 5 retratos de mujeres para el Palacio Nacional (Doña Josefa O., Leona Vicario y Sor Juana, entre otras). Le comentó también que su amante español, Ricardo Arias Viñas, estaba celoso de su amistad. Mencionó al «niño» (un feto) que le habría regalado el Dr, al que mantenía en la cabecera de su cama, dentro de un frasco de formol.

- Diciembre 15. Carta de Frida a Emmy Lou Packard. La felicitaba por su exposición en Los Ángeles; allí le informaba a su amiga de la muerte de Bonito y de la pulmonía del changuito («Caimito») que ya estaba mejor. Diego trabajaba en el retrato de Paulette. «...El jueves conocí a Paulette y me pareció mejor de lo que yo pensaba...».

- Frida participó en la exposición «Pintores del México Moderno», realizada por el Instituto para las Artes Contemporáneas de Boston («Frida y Diego Rivera»).

- Diciembre 17. Carta a Emmy para solicitarle le dijera a Walter G. Arensberg que el cuadro del nacimiento era de Kaufmann. Que los convenciera de comprarle «Mi nana y yo», porque le urgían 300 dólares.

1942

- Exposición «Retratos del Siglo XX», en el Museo de Arte Moderno de N.Y., organizado por Monroe Wheeler. Frida participó con un óleo («Autorretrato con trenza»).

- Frida fue considerada para ser miembro fundadora del Seminario de Cultura Mexicana (SEP).

- Se inauguró la Escuela de Pintura y Escultura de la SEP, conocida como «La Esmeralda».

- A Frida se le otorgó una comisión oficial para pintar una naturaleza muerta para el comedor del Presidente Manuel Ávila Camacho, pero la esposa del Presidente lo devolvió. Fue un cuadro calificado por la Primera Dama como «inquietante».

- Diego escribió en sus memorias: «Frida y yo fundamos una extraña especie de rancho. Pensábamos cultivar comida para nosotros, leche, miel y vegetales, mientras preparamos el museo. Durante las primeras semanas levantamos un establo para los animales. A través de toda la guerra el edificio fue nuestra casa. Más tarde se convirtió exclusivamente en un albergue para mis ídolos. (Este museo se abrió al público en 1964). Para terminar la finca, Frida dio a su esposo un terreno que había adquirido y vendió el departamento de Insurgentes.

- Museo de arte de Filadelfia. La exposición «El Arte Mexicano de Hoy» mostró «Las dos Fridas», «Lo que me dio el agua» y un autorretrato de 1940 en el que llevaba un collar de espinas, junto a un mono y un gato. Exposición «Mujeres Artistas de Hoy», coordinado por la galería *Art of this Century*, de Peggy Guggenheim.

1943

- Enero y Febrero. Se presentó la muestra «Cien años del retrato en México», en la Biblioteca Benjamín Franklin.

- Febrero 14. Carta a Marte R. Gómez, pidiendo su ayuda para terminar el Anahuacalli. Le anunció que Diego dejaría su colección para el pueblo de México.

- Diego y Frida fueron contratados como maestros en «La Esmeralda». Los alumnos de Frida son, entre otros, Guillermo Monroy, Fanny Rabel, Arturo García Bustos y Arturo Estrada, conocidos como «Los Fridos». Al no poder asistir a la escuela, muchos alumnos la siguieron, pero lo largo del trayecto los desanimó. Cuentan que acompañó a algunos de ellos —con muletas— a visitar a Goitia.

- Junio 19. Estreno de las Pinturas Decorativas de la Gran Pulquería «La Rosita» (Aguayo y Londres, Coyoacán). Fanny Rabinovich (Rabel), Lidia Huerta, María de los Ángeles Ramos, Tomás Cabrera, Arturo Estrada, Ramón Victoria, Erasmo V. Landechy y Guillermo Monroy, bajo la dirección de Frida Kahlo. Hubo fuegos artificiales, desfile de personalidades y las chicas de la escuela acudieron vestidas de tehuanas. Asistió también la cantante popular Concha Michel. Se cantaron corridos. Diego, en su discurso, dijo que hacía falta otra Revolución. También llegaron allá Salvador Novo y Dolores del Río.

- Frida y Diego consiguieron otro trabajo para «Los Fridos», pintar la Posada del Sol que había construido un amigo del muralista. El tema eran los amores en la literatura. Diego y Frida dieron los muros a los alumnos quienes pintaron las pasiones de los soldados en la Revolución y otras prácticas amatorias prehispánicas. Al dueño no le gustó ese enfoque pasional y mandó cubrir el mural.

- Noviembre 30. Carta de Frida a Florence Arquin. Habló de la pirámide construida por Diego y ella en El Pedregal, que «iba quedando cada día mejor» y que ella acabó tres pinturas, de las cuales sólo vendió una. Le preocupaba el destino del óleo «Autorretrato con changos».

1944

- Frida volvió a buscar otro trabajo «más adecuado» para «Los Fridos». Pintar el proyecto de lavaderos que el expresidente Lázaro Cárdenas mandó construir para un grupo de mujeres pobres y madres solteras dedicadas a ese trabajo para sobrevivir. Se trataba de un conjunto de edificios pequeños. Unos eran planchadurías, otro guardería, comedor y sala de conferencias. Los proyectos aprobados fueron los de Monroy, «por ser los menos deprimentes».

- Frida usó un corsé de hierro; en 1945, otro de yeso. Ella contaba que en total fueron 28: Tres de acero, otros 3 de cuero y el resto de yeso. Tuvo que reducir las horas de clases por el deterioro de su salud. El doctor Alejandro Zimbrón fue quien mandó hacer el primer corsé de acero y le ordenó reposo absoluto.

- Marzo 7. Carta a Marte R. Gómez invitándolo a la inauguración de los murales de sus alumnos en los lavaderos de Coyoacán. La dirección de la ENPE apoyó a «Los Fridos» con los pasajes diarios para que pudieran acudir, de lunes a viernes, a Coyoacán. La Casa de la Mujer se llamó Josefa Ortiz de Domínguez.

- Carta a Bertram y Ella Wolfe, en donde Frida hizo un recuento de gastos y males. El matrimonio iba bien, sin celos y con «libertad justa en el caso de los casoriados». La «mosca» (dinero) estaba exigua; hizo el apunte de que una botella de tequila Cuervo de a litro costaba 350 pesos. Que el trabajo era demasiado para sus ímpetus porque «...ahora soy máistra (sic) de una escuela de pintura...». Las clases las da de 8 a 11 a.m. Seguía bebiendo dos copas, sin embargo admitía que a veces sobrepasa el límite. Le contó a la pareja que el amor paterno de Diego ha renacido, pues se fue a vivir con ellos Lupita («Picos»), la hija de Diego, y Lupe Marín; aseveró que la chamaca «es buena como Miguel Ángel». No obstante se quejó —acaso por vez primera— que desde 1929, cuando se casaron, hasta la fecha, jamás han vivido solos.

- Junio 24. Frida le escribió al doctor Eloesser desde su cama. No podía sentarse y tenía 5 meses con el aparato. Los médicos en México le dicen que tienen inflamadas las meninges. Le pidió venir a México y hacerle un diagnóstico completamente sincero. El doctor Zimbrón mandó hacer otro corsé de acero y ordenó reposo absoluto. Drenaron su columna con Lipidol, pero éste, en lugar de bajar, subió al cerebro. Frida redujo drásticamente su horario de clases.

- Junio. Guillermo Monroy —uno de «Los Fridos»— recordó una experiencia electrizante en el jardín de Frida Kahlo, mientras cantaba y pintaba un maguey. «Sigue cantando Monroycito, tú sabes que a mí también me gusta cantar», le dijo su maestra, mientras a él le recorrió un escalofrío por la espalda.

- Pintó «Raíces». Escribió en su diario: «Milagro vegetal del paisaje de mi cuerpo».

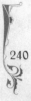

- Eduardo Morillo Safa, ingeniero agrónomo y diplomático, mandó pintar retratos de sus dos hijas, Mariana y Lupita, y el de su madre, Rosita Morillo. Más tarde le mandó hacer a Frida el retrato de su esposa, su hijo y de él mismo.

- Cuadro, «El Sol y la Vida». Frida perdió otro hijo, no de Diego, sino de un amante.

- «Los Fridos» y otros alumnos de La Esmeralda, expusieron una muestra en Bellas Artes.

1945

- El doctor Zimbrón volvió a poner a Frida otro corsé, esta vez de yeso, pero los dolores fueron insoportables. Después de 1944, según dijo Frida, fueron más de quince los corsés que llegó a utilizar. Pintó el cuadro «Sin esperanza».

- Febrero. Frida consiguió que sus alumnos expusieran en la Librería y Galería de Artes Plásticas (en Avenida Palma).

- Marzo 8. Día de la Mujer, se inauguró la obra de «Los Fridos» en la calle de Tepalcatitla No. 1. Se trataba de los murales de los lavaderos (barrio del Niño Jesús), en Coyoacán.

- Con otros 6 artistas mexicanos, Frida estuvo nominada para una beca gubernamental.

- Agosto. Frida escribió la presentación de Fanny Rabel, una de sus alumnas, que expuso en la Liga Popular Israelita («Los Fridos»).

1946

- Diego buscó su regreso al Partido Comunista. Tiempo después, Frida lo seguiría. Curiosamente, no lo aceptaron hasta 1954, el año en que Frida murió.

- Febrero 14. carta a Ella y Bertram Wolfe. Frida se sentía muy enferma. Armó un paquete con todos sus estudios y pidió a sus amigos hacérselo llegar al doctor Philip Wilson (N.Y.). Adjuntó 25 radiografías de 1945 y 25 de enero de 1946. Ese médico le fue recomendado por el cineasta Arcady Boytler.

- Abril. Frida pintó para los Boytler «El venado herido» o «La venadita». Entregó el cuadro el 3 de mayo del mismo año. Acompañó el obsequio con un corrido (cartas, p. 314315).

- Mayo 10. telegrama a Ella Wolfe, anunciando su llegada por avión el 21. El día 23 sería recibida por el doctor Wilson. Se quedaría en casa de la Sonja Sekula. (De ahí tomaría uno de sus seudónimos amorosos).

- Mayo 2. Escribió a Cristina que estaba en un hospital, «en una cama más dura que las piedras del Pedregal». Le solicitaba estar con ella durante la cirugía.

- Mayo 29. Carta a Diego, le pedía escribirle. En la operación le insertarían una varilla metálica de 15 centímetros en la columna vertebral.

- Junio 26. Cristina le reclamó a Diego, por carta, su falta de comunicación. Precisó que Frida estaba muy nerviosa y que sus cartas le harían mucho bien.

- Junio 30. Carta a Alejando Gómez Arias, en donde le relató que hace tres semanas procedieron al corte de huesos. Estaba optimista, pese a que la operación requirió tomar una porción del hueso de la cadera para hacer injertos en la columna. Todavía le faltan 6 semanas en el hospital. Cristina contó que la operación resultó tan dolorosa, que fue necesario aplicarle a Frida grandes dosis de morfina.

- Nueva York, junio de 1946. Frida fue operada y refirió que al ponerle la anestesia Cristina estuvo teniéndole la mano. Pasó 8 meses en cama.

- Alejandro Gómez Arias declaró que el doctor Wilson fusionó las vértebras equivocadas, porque la que estaba mal, quedó justo arriba de la varilla de hierro. Pero hay más versiones, según Lupe Marín, Frida quedó perfectamente después de la operación pero, una noche, cuando Diego no llegó o lo hizo muy tarde, ella se puso «histérica y volvió a abrirse las heridas. No había nada que hacer con ella, nada en absoluto». Otra historia, cuenta que después de la fusión espinal, ella se arrojó al piso y deshizo todo lo logrado en la cirugía.

- Pintó «Árbol de la esperanza, mantenme firme», que es una canción veracruzana. Ella misma dijo que ese cuadro era el resultado «de la jija operación».

- Julio 26. Exposición Nacional llevada a cabo cada año en Bellas Artes. Frida exhibió un cuadro («Moisés»).

- Agosto 29. Carta a José Bartolí, su amante. Entre otras cosas, le decía: «...te quiero como a nadie...». Firmó como MARA. Este seudónimo volvería a utilizarlo en 1947 para una carta escrita al poeta Carlos Pellicer. Se conocen unas 20 cartas de Frida a este hombre.

- A Orozco se le concedió el Premio Nacional de Arte y Ciencia por los murales que pintó en el Hospital de Jesús. Un arreglo especial del Presidente de la República, con el secretario de Educación, hizo posible premiar a más artistas, entre ellos a Frida, por el cuadro «Moisés». (Atl, Julio Castellanos y Goitia, fueron también beneficiados con este arreglo). Frida había estado dentro de una escayola a partir de una nueva operación en la espina dorsal. Llegó vestida «como una princesa» para recibir el premio. El corsé de metal del doctor Wilson, tuvo que usarlo por 8 meses.

- Octubre 1. Carta a Eduardo Morillo Safa, para agradecerle la felicitación por el premio que aún no le habían entregado. Aseguraba que gracias al doctor Wilson ya pinta tres horas diarias (*recomendó dos*). Le prometió pintar «la miniatura de doña Rosita». Me la paso «enclaustrada en esta pinche mansión del olvido...», no veía a persona alguna ni iba a reuniones. Afirmaba que las poesías de Pellicer le gustan cada día más, al igual que Walt Whitman, «de ahí en fuera, no le entro a la literatura». Le informó haber recibido una carta de Marianita, la hija del diplomático. Él llegó a comprarle a Frida unas 35 piezas. Entre 1946 y 1948, la familia Morillo Safa se fue a vivir a Venezuela, a donde el ingeniero fue enviado como embajador de México. Se recuperaba de una de muchas intervenciones cuando recibió una carta de Mariana, la hija, a quien llamaba «Chachita, changa maranga». A esta niña la pintó vestida de tehuana. Se comenta que la quiso mucho.

- Octubre 23. Carta a Ella Wolfe, para comentarle que iba a escribir a Bartolí (ella ya está en Coyoacán). Le pidió que le diera las cartas en propia mano cuando él pasara por Nueva York. Le suplicó no decir nada, ni siguiera a su marido (Wolfe, el biógrafo), quien al parecer había discutido con Diego. En el secreto sólo estaban «Cristi y Enrique». «Si me quieres preguntar algo de él en tus cartas, pregúntame con el nombre de Sonja. Confesó a su amiga que el amor hacia él era lo único que le permitía sentirse de nuevo «con ganas de vivir». Finalmente, le pidió romper la carta que le enviaba. Ese mismo día respondió la carta de Marianita Morillo.

1947

- Febrero 18. Carta a Carlos Chávez, primer director del Instituto Nacional de Bellas Artes (INBA); le solicitaba ayuda para los «Fridos», Arturo García Bustos, Guillermo Monroy y Arturo Estrada, quienes tenían el deseo de hacer un viaje de trabajo a Yucatán para pintar. Ella pedía una comisión oficial para sus alumnos, a quienes aseguraba conocer hacía más de 4 años.

- Febrero 20. Carta a Antonio Ruiz, «El Corcito», director fundador de la Escuela Nacional de Pintura y Escultura de la SEP, y quien invitó a Frida a dar clases allí. Le pidió consejo, pues no quería seguir cobrando un sueldo sin poder asistir a la Escuela con corsé «o con arpa». Agregó que sólo en las mañanas se sentía con energías. Ya Carlos Chávez le había dicho que no renunciara por ningún motivo. Le comunicó que pensó alquilar la «poderosa casa de Allende 57, en Coyoacán», y que estaba viviendo con Cristina en Aguayo 22, en una estancia temporal, pues con la renta quería construirse un apartamento pequeño «...que no sea difícil de sostener y que sea limpiable raudamente...».

- Marzo 25. Carta a Carlos Chávez. Le preguntaba si se adquiriría para el Museo de Arte Moderno el cuadro de «Las dos Fridas», y si le interesaba el de «Los rábanos», que estaba expuesto en la Galería Orendáin. Diego no podía pagar el hospital y no había para la raya del sábado (trabajadores del Pedregal).

- En su libreta de gastos consta que vendió «Las dos Fridas» al Museo de Arte Moderno de la ciudad de México en 4 mil pesos. Según su director, Fernando Gamboa, el Museo hizo el trato porque Frida aseguraba necesitar dinero urgentemente y no podía vender.

- Abril. Frida dibuja «Ruina» y lo dedica a Diego Rivera. «Ruina. Para Diego. Frida. Avenida Engaño número 1. Ruina. Casa para aves.

Nido para amor. Todo para nada...»

- Abril 21. Carta informe a Diego, en donde le dice que «Emmita» (Hurtado) le habló por teléfono para informarla que él está en un cuarto «rete suave» y que pintaba todo el día. Deseaba su pronto regrese a vivir con el señor Xólotl y la señora Xolotzin. Le habló de las obras que estaban a punto de terminarse y de arreglar pronto el cuarto que tenía como estudio para que fuera la recámara de Diego. También de la remodelación de las dos casas de San Ángel. «Emma y yo discutimos la cuestión de a dónde vas a regresar, si a Coyoacán, a San Ángel o donde estabas antes». Opinó que lo más práctico (Diego estaba enfermo de los ojos y de los dientes) sería que regresara al departamento de México, pues ahí tenía enfermera, dentista y las visitas de David.

- Julio 12. Carta a Carlos Pellicer. Le pidió el poema que él le había ofrecido y le regaló, a cambio, un libro dedicado, de Whitman.

- Agosto 30. Telegrama y dibujo a Arcady Boytler, con motivo de su cumpleaños.

- Noviembre. Carta amorosa al poeta Carlos Pellicer. Le advertía que le escribiera a la lista de correos y que ella firmaría como MARA.

- Noviembre 13. Carta al doctor Samuel Fastlicht, dentista. No podía terminar su retrato ni pagarle. Finalmente, le dio a cambio dos naturalezas muertas en 1951.
- 8 de diciembre, telegrama a Diego en su cumpleaños.

1948

- Enero 9. carta al doctor Samuel Fastlicht, en donde intenta aclararle que no le está vendiendo caros los cuadros (empieza a pedir más dinero a sus amigos, se supone que para pagarse las medicinas) Hace una nueva demanda de dinero y le pide que se lo dé a Cristina, «que es quien le lleva el cuadro».

- Enero 31. Breve nota a Diego. Ella sufría por su ausencia.

- Febrero 23. Carta a Diego: «Desafortunadamente ya no soy buena para nada, y todo el mundo ha usurpado mi lugar en esta pinche vida...»

- Octubre 19. Frida dirigió una enérgica carta al Presidente Miguel Alemán, porque los arrendatarios del Hotel del Prado habían cubierto con tablas el mural de Diego Rivera, en el salón comedor. Le escribió a Carlos Chávez, quien avisó del asunto a «Bienes Nacionales». Le recordó (a Alemán) que fueron compañeros en la Escuela Nacional Preparatoria.

- Noviembre 2. Respuesta del presidente Miguel Alemán, aclarando que las oficinas competentes para tratar del asunto eran, la Secretaría de Bienes Nacionales y la Dirección de Bellas Artes. La felicitó por su vehemencia.

- Diciembre 4. Carta a Diego, en la que le avisó que no tenía dinero, pues hubo de comprar medicinas para d'Harnoncourt (austriaco, dueño de una tienda de arte popular. Fue ayudante de Alfred Barr en el Museo de Arte Moderno de N.Y.. Colaboró con Miguel Covarrubias en la exposición «Veinte años del arte mexicano» en el MAM, en 1940). Él solía pasar grandes temporadas en México. Al parecer, Frida y Diego ya vivían juntos, pues ella manifestó que iría a casa de Cuquita y que se verían después.

1949

- Diego se dio prisa en terminar el retrato de María Félix (este nombre encabezaba la lista que había escrito Frida en su recámara), porque quería presentarlo en Bellas Artes. Finalmente, María no se lo prestó.

- Hay versiones de que Frida, en esta época de encantamiento de Diego Rivera con La Doña, se fue a vivir a un departamento que tenía muy cerca del Monumento de la Revolución.

- Mayo. Se montó en Bellas Artes una muestra retrospectiva de la obra de Diego Rivera, por sus 50 años como artista.

1950

- Enero. El doctor Eloesser estuvo con ella por pocos días antes de su operación.

- Enero 26. Eloesser hizo algunos apuntes acerca del estado en que se encontraba su amiga. El día 3 de enero ella despertó percatándose

de que las puntas de 4 dedos del pie derecho estaban negras. El doctor da cuenta de que Frida había tomado Seconal por 3 años, pero no alcohol. Anota la palabra «gangrena».

- Enero 12. Carta al doctor Fastlicht, en donde mencionó otra operación en la espalda. Los puentes dentales se le rompieron.

- Febrero 11. Carta al doctor Eloesser, en donde le informó que el doctor Glusker trajo a un doctor Puig para verla. Que la opinión es la misma y que se debían amputar los dedos hasta los metatarsos. Aseguró no conocer bien al doctor Puig. No tenía dinero y no quería pedirle más a Diego. Un médico joven —agregó—, Julio Zimbrón, le estaba proponiendo unas inyecciones de gases ligeros (helio, hidrógeno y oxígeno) para hacer desaparecer la gangrena. Aparece en escena el doctor Farill, quien proponía cortarle el pie.

- Febrero 17. Carta a Diego en donde le comentaba que sus radiografías habían quedado muy bien.

- Abril 4. Frida pidió a su hermana Cristina que escribiera al doctor Eloesser para informarle que llevaba ya dos operaciones. Tuvo que regresar al hospital y ahora estaba al cuidado del doctor Farill. No toleraba las inyecciones de morfina, consignó Cristina. Esta fecha correspondió a una segunda operación, pues se infectó la herida a causa de un absceso en la espalda (le donaron hueso).

- Entre 1950 y 1951, Frida Kahlo pasó un año internada en el Hospital Inglés y Diego rentó un cuarto para estar junto a ella. Ahí dormía todos los días, excepto los martes, porque se iba a trabajar al Anahuacalli. De esa época fue también su primer contacto con el doctor Velasco y Polo.

- Noviembre. Frida llevaba ya seis operaciones.

1951

- Febrero 1. carta a Samuel Fastlicht, en donde le hacía solicitud de dos recetas para comprar Demerol. Este doctor destruyó su recetario para evitar que Frida lo convenciera de hacer «algo indebido». Lo anterior fue narrado por Graciela, su hija.

- Pintó el retrato de su padre.

- Intervino en el jubileo a Diego Rivera, por sus 50 años de pintor. (escribió un Retrato de Diego Rivera).

- Escribió a Antonio Rodríguez, crítico de arte, periodista y promotor cultural, a quien ella pintó un retrato harto surrealista. Aclaró que ella no se consideraba de esa corriente.

- Diego recibió el encargo de decorar el Acueducto del Río Lerma.

- Reanudadas las relaciones con el PC, a Frida comenzó a preocuparle que su pintura fuera muy personal y para nada útil a la Revolución.

1952

- Pintó «Naturaleza viva».

- Junio 21. nota para Elena Vázquez Gómez y Teresa Proenza. Se fue a pasear con Clemente Robles, sin verlas. Sólo serían dos días, aunque el susodicho hubiera querido que fueran 8. Les recomendó que se quedaran cerca de Diego para que éste «... no se case con alguna princesa altiva o con quien pesque en ruin barca...», en su ausencia. Los nombres de estas dos mujeres estaban escritos en la recámara de Frida.

- Diciembre. Pidió a Carlos Chávez prestarle su cuadro («Naturaleza muerta») para la exposición «completa» de su obra que haría Lola Álvarez Bravo. Estaba en la cama y no salía, salvo que la sacaran a pasear algunos amigos (entre éstos, el doctor Velasco y Polo). Ésta fue la única exposición personal de Frida en su país, mientras vivió.

- Diciembre 15. Inauguración de la muestra individual de Frida Kahlo. La historia del cuadro «Naturaleza muerta», es más compleja. Carlos Chávez le reclamó el cuadro a Frida en dos ocasiones: el 9 de octubre de 1953 y el 6 de febrero de 1954. Fue Diego quien discutió con él por el mural transportable «Pesadilla de guerra y sueño de paz», pintado en el vestíbulo del Palacio de Bellas Artes, retirado el 17 de marzo de 1952, para impedir que participara en la exposición «Veinte Siglos de Arte Mexicano», a presentarse en París, Estocolmo, Londres y otras ciudades de Europa. En una carta a Fernando Gamboa, del 24 de febrero de 1978, refiriéndose a otro cuadro que le pidieron prestado, Chávez acusó: «Diego Rivera me robó el cuadro de Frida».

- Recado para Guadalupe Rivera Marín. Se dolía con la hija de Diego porque no acudían a verla. Mandó saludos a Pablito y a Ernesto. Le agradeció que hubiera publicado (Loló de la Torriente) un artículo de ella en una revista. A Lupita le dijo «Picos o Piquitos». Loló fue periodista y escritora cubana, autora de «Memoria y Razón de Diego Rivera».

- Texto sombrío, escrito sobre una placa radiográfica: «¿Por qué me destruyo?» (cartas p. 143)

- Ideas suicidas (cartas, p. 144). Al parecer ella y Diego habían hablado de que ella debería morir.

- Diego estaba muy nervioso (era hipocondríaco), porque había contraído cáncer de pene que cedió con un tratamiento de rayos X, en la URSS. Él creyó que moriría de la misma enfermedad que sus padres, a los sesenta años.

- Diciembre 8. Reinauguración de los murales de la Pulquería «La Rosita». (García Bustos y Estrada) El texto rezaba: «El mundo de cabeza por la belleza». Aparecía Diego flanqueado por Pita Amor y María Félix. Ella está colocada junto a Arcady Boytler. Diego cumplía 66 años. Rosa Castro contó que, al anochecer, Frida se arrancó el corsé ortopédico al grito de: ¡Nunca más, no importa qué pase, nunca más! Había tomado drogas para soportar el dolor y parecía una muñeca desmadejada, con los brazos en alto, dijo Rosa Castro.

1953

- Llegó la enfermera Judith Ferreto a cuidarla. Ella era comunista, costarricense y mantenía ligas con el PC mexicano.

- Su mozo, Chucho, trabajó con ella alrededor de 20 años. La atendió de tiempo completo, cuando prácticamente ya no podía moverse.

- Frida comenzó a perder el control de sus dedos, entonces pintó de acuerdo con las reglas de la «escuadra dorada». En su diario aparecen dos proyectos de naturaleza muerta bajo esa técnica que demanda absoluta precisión.

- Diego Rivera estaba haciendo el mural del Teatro Insurgentes.

- Febrero 14. Carta a Machila Armida (María Cecilia). Amiga de Frida y amiga íntima de Rivera. María Cecilia Armida Baz (6 de marzo de 1921). Tuvo a su hija Patricia con el holandés Leender van Rhijin, de quien se separó. Machila realizó composiciones surrealistas que convertía en pequeñas mesas o vitrinas. Hizo su exposición en 1952 y sus obras fueron presentadas por Diego. El pintor le hizo un retrato en 1952.

- Marzo 4. Se lee en su diario que «Todo el universo perdió el equilibrio con la ida (deceso) de Stalin».

- Marzo 13. Frida escribió en su diario que su amiga Isabel Villaseñor, había muerto.

- Abril 13. Frida redactó en verso una invitación para su exposición individual en la Galería de Arte Contemporáneo, en Amberes 12, Zona Rosa (Dolores Álvarez Bravo). Todavía padecía las consecuencias de un injerto de hueso que su organismo rechazó. Tuvieron que sacarlo. Su salud mejoró por unos días, pero Lola declaró que se dio cuenta de que el fin era inminente. Los médicos le prohibieron levantarse, pero conforme se acercaba la hora de la apertura, ella insistió en ir, aunque fuera en su propia cama. Así se hizo. Llegó la cama a la galería y todos se pusieron a reacomodar los cuadros. Se hizo un tumulto afuera y de pronto las sirenas anunciaron la llegada de la pintora. Los camilleros la bajaron de la ambulancia. Fue tal la conmoción que los fotógrafos de prensa sintieron al verla, que dejaron las cámaras en el piso y no fueron capaces de sacar las placas allí en la calle. En la fotografía que existe, se ve al doctor Atl, entre otros artistas que se dieron cita en el lugar. Carlos Pellicer fungió como policía de tránsito, tratando de contener a la gente. Leyó un poema y se echó a llorar. Andrés Henestrosa cantó «La Llorona». Llegó María Izquierdo, sostenida por sus familiares, y también Goitia, enfermo y fantasmal (Hayden Herrera).

- Carta sin fecha. Frida suplicaba a Diego que regresara, «porque sin ti, México no es México». En mayo de este año, Rivera viajó a Chile, para estar en el Congreso Continental de la Cultura, presidido por el poeta Pablo Neruda.

- Agosto. Adelina Zendejas estaba en casa platicando con Frida. Ella le pidió como regalo un anillo de pavo real. Llegó el doctor Farill, Diego estaba desesperado y el dolor de su esposa era ya insoportable.

Decidieron cortarle la pierna. ¡No!, gritó Frida y Diego estaba a punto de las lágrimas. Diego le confesó a Zendejas: «Va a morir, esto no lo resistirá». Dos dibujos en su diario: «Desintegración» y «Alas rotas».

- Diego consignó en su autobiografía que, a partir de allí, ella perdió las ganas de vivir. Intentó suicidarse por causa de la mujer que Diego mantenía en su estudio. Escribió el poema «Te estás matando». La mujer era Emma Hurtado.

- Octubre 29. Carta a Dolores del Río. El tono de esta misiva era extraño. Se trataba de un reclamo económico a la actriz. Frida le anuncia que le enviaría una pintura que ella misma encargó y que acababa de terminar. Se la enviaría con Manuel Martínez, ayudante de Diego. Le dijo que la hermana de Vidalito (niño oaxaqueño, alumno de Frida) estaba muy enferma y no tenía nada para enviarle, ni para pagar a su médico, ni para comprar medicinas. Pidió a Dolores enviarle mil pesos.

- El mismo día volvió a escribirle a Dolores del Río para decirle que Diego se había molestado mucho con ella, porque no le falta nada y el dinero que le pidió no era necesario. Diego, por su parte, entrecomilla en un recado lo de «la niña enferma» y le da a entender que es mentira. «Excusa a una enferma». Le envía de inmediato un cheque por mil pesos para pagar la deuda que contrajo Frida con ella. Raquel Tibol presume que el dinero era para comprar droga.

1954

- Febrero 11. Diario: «Me amputaron la pierna hace seis meses; me han hecho sufrir siglos de tortura y en momentos casi perdí la razón. Sigo queriendo matarme. Diego es el que me detiene, por mi vanidad que me hace pensar que le hago falta. Me lo ha dicho, y le creo, pero nunca en la vida he sufrido más» (diario).

- Marzo 13. Frida recuerda en su diario a su amiga Isabel Villaseñor, en el primer aniversario de su muerte.

- Primavera. Se obligó a ir al estudio. Pintó naturalezas muertas bajo la euforia del Demerol y también «Horno de ladrillos». Quiso destruir su autorretrato dentro de un girasol. La ahogaba.

- Abril 27. Diario. Sugería haber pasado una nueva crisis y daba gracias en una lista de nombres (ver índice de nombres). La nota del día sugiere que está eufórica por «una tarde maravillosa que pasamos aquí en Coyoacán; cuarto de Frida, Diego, Tere y yo. La señorita Capulina, el señor Xólotl, la señora Kosti» (perros de Frida).

- Mayo 7. Quisiera o no, empezó a usar la pierna postiza, pero se cayó y se enterró una aguja que le sacarían en el Hospital Inglés con un imán. Raquel Tibol platicó que ella estaba consciente sólo a ratos, por efecto de los sedantes. Sufría mucho. Diego dijo llorando: «Si tuviera valor, la mataría. No soporto ver cómo sufre». Frida llegó a consumir dos litros de cognac diarios, sin dejar los estupefacientes. Diego opinaba que eso era mejor que las drogas.

- Un día que Lupe Marín asistió a visitarla con Jesús Ríos y Valles, Frida insistió en que la inyectaran en la espalda, pero ya no había lugar, todo era una costra. Al excusarse Jesús de que no encontraba medicamentos, ella señaló un cajón y varios dibujos, detrás de los cuales había «miles de frascos de Demerol», aseguró (biografía, HH).

- Frida volvió a llamar a su enfermera, con quien había reñido. Judith Ferrero la encontró desesperada, pintando con las manos, y los nudillos embarrados de pintura. La arropó y la cambió: «Dame el vestido que preparaste el otro día, porque lo hiciste con amor y en esta casa ya no hay amor. Tú sabes que el amor es la única razón para vivir», dijo Frida. Llegaron visitantes. Judith notó su cansancio y les pidió que se fueran. Frida se puso furiosa al comprobar que ya otra mujer estaba dando órdenes en su casa. Judith declaró a Hayden Herrera: «Me exasperé ese día porque me di cuenta de que ya era imposible ayudarla». La enfermera recuerda un día cuando fue Isolda a visitarla. Cuando se fue le dijo: «Ay, Judy, ya no me gustan los niños. No los quiero». Una tarde llegaron Arturo García Bustos y Pellicer a verla. Ella tomó una muñeca a la que le faltaba una pierna y se la dio al poeta: «Esa soy yo».

- Finales de junio. Se recuperó un poco. Entonces se volvió muy exigente con sus amigos a quienes reclamaba que la fueran a ver. Exigía regalos (muñecas). Invitó a Lupe Marín (con quien se había reconciliado a lágrima viva) a que pasara la noche con

ella. Lupe no fue. Comenzó a hablar de adoptar a un niño. Quería visitar Rusia o Polonia, para intentar un tratamiento del cual le habló el doctor Farill.

- Lo que más la emocionaba era la celebración de sus «Bodas de plata» con Diego (21 de agosto). Había comprado a Diego un anillo de oro antiguo, invitaría a todos los habitantes de Coyoacán; «será como una posada», dijo.

- Se recuperaba de una bronconeumonía cuando quiso participar «con más de 10 mil mexicanos» en una manifestación comunista a la que iría Diego Rivera, en apoyo del expresidente de Guatemala, Jacobo Arbenz. La marcha caminó de la Plaza de Sto. Domingo hasta el Zócalo. Fue su última aparición en público. Asistió en silla de ruedas. «Sólo quiero tres cosas en la vida: vivir con Diego, seguir pintando y pertenecer al Partido Comunista», ninguna se le cumplió.

- Diario. Pintó calaveras estilo Posada. «Muertes en relajo».

- Fue a verla el «cachucha» Manuel González Ramírez. Habló con él de su muerte. «Le preocupaba que la metieran en suelo acostada... sufrió tanto en los hospitales en esa posición, que no quería ser enterrada así. Pidió que la incineraran.

- Julio 5. Pidió a Teresa Proenza que «comenzara a celebrar y me quedara con ella. Lo hice. Al día siguiente le tocamos «Las mañanitas» . Pasó el efecto de los narcóticos y le puse un huipil de algodón con una borla color lavanda, hecho en Yalalag. La bajamos cargada al comedor y compartió con más de cien invitados, entre otros, mujeres del PC y el poeta Carlos Pellicer, quien le regaló un soneto. La fiesta siguió en su recámara». En su diario hay un ángel negro que se eleva al cielo. Últimas palabras anotadas: «Espero alegre la salida... y espero no volver jamás... Frida».

- Muerte de Frida Kahlo Calderón: 13 de julio de 1954. Embolia pulmonar.

- Nota del periódico Excélsior: No recibió a nadie un día antes de morir porque sufría de terribles dolores. Hizo bromas con Diego y su enfermera (Mayet, quien regresó) sobre una taza para inválidos

que le habían llevado para suministrarle alimentos. Le entregó el anillo a su esposo y dijo que quería despedirse de sus amigos. A las 10 Diego llamó al doctor Velasco y Polo, quien la encontró en un estado muy crítico. Cuando se iba, el doctor le advirtió a Diego de su gravedad. Tomó jugo y se quedó dormida. Diego estuvo junto a ella. Al creer que no despertaría, él se fue a su casa de San Ángel. A las 4 Frida despertó en medio de dolores. Antes de que amaneciera, Mayet escuchó golpes en la puerta de la Casa Azul. Cuando pasó por su cama, vio a Frida con los ojos abiertos y fijos; estaba fría. Llamó al chofer de Rivera, Manuel, y le contó. Manuel, quien había trabajado para Guillermo Kahlo y conoció a Frida desde niña, salió corriendo a avisarle a Diego: «Señor, murió la niña Frida».

BIBLIOGRAFíA

1. AGUSTÍN, José. Tragicomedia Mexicana I: La vida en México 1940-1970. Ed. Planeta. 4ª. Reimpresión. México, 1991. 274 pp.

2. CLÉZIO LE, Jean - Marie Gustave. Diego y Frida. Ed. Diana. 4ª. Edición. México, 1997. 207 pp.

3. DE LA VEGA Alfaro, Eduardo. Arcady Boytler: Pioneros del Cine Sonoro II. (Cineastas de México). Ed. U. de G. - CONACULTA. 1a. Edición. México, 1992. 187 pp.

4. HERRERA, Hayden. Frida: Una biografía de Frida Kahlo. Ed. Diana. 10ª. Impresión. México, 1991. 440 pp.

5. INSTITUTO NACIONAL DE BELLAS ARTES - SEP. Diego Rivera Hoy. Ed. INBA - SEP. México, 1986. 255 pp.

6. KAHLO, Frida et TIBOL, Raquel. (Compiladora). Escrituras. Ed. Plaza y Janés. 1ª. Edición. México, 2004. 474 pp.

7. MUSACCHIO, Humberto. Diccionario Enciclopédico de México. Tomos I-IV. Ed. Andrés León. 1ª. Edición. México, 1989. 2240 pp.

8. OCÉANO, Grupo Editorial. Diccionario Enciclopédico Ilustrado. Ed.Grupo Océano. Colombia, 1989.

9. PONIATOWSKA, Elena. Todo México. Tomo II. Ed. Diana. 1ª. Edición. México, 1993. 211 pp.

10. PONIATOWSKA, Elena et STELLWEG, Carla. Frida Kahlo: La Cámara Seducida. Ed. La Vaca Independiente. México, 1992. 125 pp.

11. RIVERA, María del Pilar. Mi hermano Diego. Ed. SEP. 1ª. Edición, México, 1996. 223 pp.

12. RODRÍGUEZ, Antonio. Guía de los Murales de Diego Rivera en la SEP. Ed. SEP. 1ª. Edición. México, 1984. 169 pp.

13. WOLFE, Bertram D. La fabulosa vida de Diego Rivera. Ed. Diana. 7ª. Impresión. México, 1997. 366 pp.

14. KETTENMANN, Andrea. Frida Kahlo: Dolor y Pasión. Ed. Benedikt Taschen. Alemania, 1992. 1ª. Edición. 96 pp.

Referencias
Fuentes y más Información: Web

José Bartolí, ultimo amor de Frida
http://wwwjornada.unam.mx/1998/sep98/980905/bartoli.html

Elie Faure
FUENTE: http://reference.allrefer.com/encyclopedia/F/Faure-El.html

FRIDA KAHLO: Gracias finales
http://www.terrazared.com.ar/web_es/pires/html/1/frida54.html

FRIDA KAHLO: Vida:
http://www.baquiana.com/Opini%C3%B3n_III.htm
http://elportaldemexico.com/artesplasticas/fridaII.htm
http://www.arts-history.mx/frida/40s.html

Tina Modotti, contexto social
http://www.patriagrande.net/mexico/tina.modotti/biografia.htm
I http://wwwjornada.unam.mx/1996/ago96/960816/poniatowska.html
II http://wwwjornada.unam.mx/1996/ago96/960817/elena.html
III http://wwwjornada.unam.mx/1996/ago96/960818/elena.html
http://www.chapingo.mx/academicos/capilla/Nrev/ND1.htm
http://www.profotos.com/education/referencedesk/masters/masters/tinamodotti
tinamodotti.shtml

Isolda:Pinedo - Opiniones (marzo 7 2003)
http://www.quepasa.cl/revista/2003/03/07/t-07.03.QP.CYT.KAHLO.html

Dr. William R. Valentiner.
http://www.diamondial.org/rivera/001.html